Traum-
küsten
in
Deutsch-
land

DUMONT

121 Der Leuchtturm auf dem Dornbusch ist das Wahrzeichen Hiddensees.

Fehmarn und die Lübecker Bucht

Zwischen Trave und Warnow

Fischland, Darß und Zingst

Rügen, Hiddensee, Stralsund

Usedom: Strände und Natur

Die schönsten Erlebnisse

Dünen, Strand, Inselfeeling und Meer, lauschige Plätzchen, schmucke Dörfer. Dazu prächtige Städte mit viel Kunst und Kultur.

Juist

Hallig Südfall

Erleben

STEIFE BRISE
An Nord- und Ostsee bläst häufig ein kräftiger Wind – ideal für Strandsegler, Kite- und Windsurfer. Und für ihre Zuschauer.
Seiten 45, 60, 121, 158

BAHN-NOSTALGIE
Dampflokpfeifen mitten in der Stadt? In Bad Doberan ist das alltäglich. Und auf Wangerooge ist die alte Inselbahn *das* öffentliche Verkehrsmittel.
Seiten 30, 149

SONNENUNTERGANG AM MEER
Abends erobert Stille die Strände. Wunderschön, wenn dann die Sonne im Meer versinkt! Wer's lieber lebhaft mag, genießt das Spektakel von einer Strandbar aus.
Seiten 36, 87, 198

RIESENPÖTTE
Gewaltige Containerschiffe, die hoch aus der flachen Landschaft aufragen und langsam vorbeiziehen – am Nord-Ostsee-Kanal ein alltägliches Spektakel.
Seite 112

RUNTERSCHALTEN
Bollerwagen als wichtigstes Verkehrsmittel? Auf den Ostfriesischen Inseln ist das so. Auch die Halligen, Helgoland und Hiddensee kommen ohne Autos aus.
Seite 26, 39, 48, 173,

Sellin auf Rügen

Entspannen

STRANDKÖRBE

Ob an Nord- oder Ostsee: Überall bieten
Strandkörbe eine ordentliche Portion
Komfort, Schutz vor Wind und Wetter – und
vor aufdringlichen Blicken.

Seiten 15, 61, 154, 206

FRIESISCHE KARIBIK

Dünen, Watt und grüne Marsch zeichnen Sylt,
Amrum und Föhr aus. Der Kniepsand auf
Amrum gilt als „Europas größte Sandkiste".

Seite 75

ACHTERLAND

Ruhe und Abgeschiedenheit mitten in der
Saison? Die dörfliche Idylle an Usedoms
ruhigem Achterwasser lädt zu
entschleunigtem Urlaub ein. Oder wie wär's
an der Nordsee mit den Halligen?

Seite 197

SEEBÄDER

Ahlbeck, Poel, Heiligendamm, Weissenhäuser
Strand, Boltenhagen, Kühlungsborn, Grömitz,
Laboe … mehr als 80 Seebäder laden an Nord-
und Ostsee zur Kur.

z. B. Seiten 92, 128, 143

Backsteingotik in Stralsund

Kultur

AHRENSHOOP

Die Künstlerkolonie, das „Worpswede der
Ostsee", bietet am Übergang vom Fischland
zum Darß zahlreiche Galerien und ein
Kunstmuseum..

Seite 161

MUSIKER- UND DICHTERHÄUSER

Seien es Brahms, Hebbel oder Storm, Krüss
oder Kiesewetter – an die großen Künstlern
der Region erinnern Museen und
Künstlerhäuser.

Seite 88

BACKSTEINGOTIK

Sie bescherte Norddeutschland zahlreiche
Einträge in die UNESCO-Welterbe-Liste.
Lübeck, Stralsund und Wismar besitzen die
Highlights der Region.

z. B. Seiten 106, 151, 181, 189

OZEANEUM

In 50 mitunter riesigen Aquarien tummelt
sich mitten in Stralsund das Meeresgetier der
Nord- und Ostsee.

Seiten 181, 182, 187

St. Peter-Ording

Auch für Anfänger wird es beim Kitesurfen
erst ab Windstärke 4 interessant, besonders gute
Bedingungen bietet der weite Strand von St. Peter-
Ording. Dass es sich hier an der Nordsee auch um ein
Top-Windsurf-Revier handelt, versteht sich dann
von selbst. Wenn's ruhiger ist, steigt man auf
Stand-Up-Paddling um.

Sellin

Einst ein kleines Fischerdorf ist Sellin längst mondäner Badeort. Vom Ort führt die Engelsleiter über 87 Stufen hinab zur längsten und schönsten Seebrücke Rügens. Im Juli feiert man hier das Seebrückenfest mit Konzerten und Tanzpartys.

Farver Mühle

Ostseeflair, farbenfrohe Natur und eine Prise Nostalgie gefällig? Nur einen Katzensprung von der Hohwachter Bucht entfernt drehen sich die Flügel der reetgedeckten Farver Mühle über der hügeligen Landschaft Ostholsteins im Wind.

Strandkörbe

Im 19. Jh. an der Ostsee erfunden, haben Strandkörbe längst auch die deutschen Nordseeküsten erobert. Sie bieten Schutz vor Wind und Wetter, Liege- und Sitzkomfort, sind Rückzugsort und von den Stränden Deutschlands nicht mehr wegzudenken.

Ahrenshoop

Tief ducken sich die heimeligen Häuser von Ahrenshoop in die Dünen. Am Übergang vom Fischland zum Darß gelegen zeigt sich das „Worpswede der Ostsee" – so wird der Ort wegen seiner hohen Galeriedichte genannt – hier im schönsten Abendlicht.

Hafencity Husum

In bunten Farben, die im Abendlicht warm erstrahlen, säumen Wohn- und Geschäftshäuser die Husumer Hafenmeile, wo der Heverstrom bei jeder Tide die Boote trockenfallen lässt. Das war nicht immer so: Erst mit der *Groten Mandränke* erhielt Husum Zugang zum Meer.

Ostfriesland

„90 Prozent Himmel und 10 Prozent Erde –
das ergibt 100 Prozent Ostfriesland." Das
sagen die Ostfriesen selbst über ihre Heimat.
Kein Berg, kaum ein hoher Bau verstellt den
Blick auf die Küsten, das Meer und den
schier endlosen Horizont. Vor allem auf den
Inseln kann man jede Hektik hinter sich
lassen – wenige Autos, kein Stress, nur
Natur, Wind und Wellen.

AM ENDE DER WELT

Im flachen Ostfriesland, so sagt man, sieht man schon heute, wer morgen zu Besuch kommt. Am „Endje van de Wereld", der Halbinsel zwischen Ems und Dollart, wird es höchstens dann schwierig, wenn die Besucher sich gerade in einer Senke unter dem Meeresspiegel befinden. Davon gibt es im Rheiderland reichlich. Am Wynhamster Kolk soll der tiefste Punkt Niedersachsens liegen, 2,51 m unter Null. Behaupten die Rheiderländer. Diesen Rekord beanspruchen sie allerdings auch in Freepsum in der Krummhörn für sich, einer Bilderbuch-Landschaft nordwestlich von Emden mit zahlreichen Deichen und vielen Leuchttürmen.

Immer wieder hieß es hier wie dort „Land unter". Mehrere Dutzend Dörfer sind im Dollart versunken. Der Sage nach sollen Seeleute die Spitzen ihrer Kirchtürme gesehen und gar das Glockenläuten der Torumer Kirche gehört haben.

Nach der natürlichen Verlandung um 1600 und der fleißig betriebenen Einpolderung ist die Meeresbucht inzwischen nur noch ungefähr ein Drittel so groß wie im späten Mittelalter.

OVER FREESLAND GEIT DER NIX

Heute fürchten sich die Rheiderländer eher davor, dass ihre Idylle von Touristen überschwemmt wird als von der nächsten Sturmflut. Sie sind stolze Friesen, sesshaft und heimatverbunden. Hier zählt, was Enno Hektor vor gut 150 Jahren als Ostfriesenhymne aufschrieb: „In Ostfreesland is't am besten, over Freesland geit der nix." Gesungen übrigens mit der Melodie von „Weißt du, wie viel Sternlein stehen".

Bis heute zeichnet die Rheiderländer eine ordentliche Portion Ordnungsliebe aus. Kein Wunder also, dass die Kanäle und Wieken in der Fehnlandschaft des Overledingerlands streng rechtwinklig angelegt sind. Diese Wasserläufe

Sonne, Sand und Meer, vor einer Düne ein paar Strandkörbe – ein Nordsee-Idyll.

sorgten einst dafür, dass die lebensunfreundliche Moorlandschaft entwässert und schließlich kultiviert werden konnte. Die Kanäle dienten auch als Transportwege für den gewonnenen Schwarztorf. Für den Rückweg luden die Moorpioniere Schlick, den sie mit Weißtorf als Dünger für ihre „Kolonate" mischten. Erst dadurch konnten sie Ackerbau und Viehzucht betreiben und ihre Lebenssituation verbessern. Später entdeckten sie bei ihren Reisen an die Küste, welche Möglichkeiten die Seeschifffahrt ihnen bot. Die Abenteuerlust war geweckt, und die einstigen Kanalschiffer fuhren vom Moor aus rund um den Erdkreis über alle sieben Weltmeere.

Nicht ganz so weit fahren die Kutter, die vom malerischen Fischerdorf Greetsiel (Foto S. 25) aus in See stechen. Mit seinen Häusern aus dem 17. und 18. Jh. ist der Ort eine Art Gesamtkunstwerk, durch dessen mit roten Klinkern gepflasterte Sträßchen es sich wunderbar flanieren lässt. Besonders sehenswert ist die Häuserzeile mit glockenartigen Giebeln an der Sielstraße. Als Wahrzeichen gelten die Zwillingsmühlen am Sieltief.

WOHLFÜHLOASEN IM WATTENMEER

Hochseeklima auf der größten Ostfriesischen Insel Borkum, Thalasso und ein Hauch von High Society auf Norderney, dem ältesten Seebad an

Die Krummhörn ist eine Bilderbuch-Landschaft nordwestlich von Emden mit zahlreichen Deichen und vielen Leuchttürmen.

Links: Ausritt am Strand von Borkum. Oben: Hafenszene in Greetsiel.

der Nordseeküste. Natur pur auf dem „Töwerland" Juist, nicht viel mehr als eine Sandbank im Meer. Unterschiedlich präsentieren sich die drei Inseln im Westen vor Ostfrieslands Küsten. Was sie eint, sind die auf jeder Insel lange Seebädertradition sowie herrliche Dünenlandschaften, endlos wirkende Sandstrände, frische Seeluft und die exponierte Lage mitten im Wattenmeer, einem einzigartigen Refugium seltener Tier- und Pflanzenarten.

JODHALTIGES KLIMA

Borkum ist mit knapp 31 km² die größte der Ostfriesischen Inseln und die am westlichsten gelegene. Erstmals erwähnt wurde die Insel 1398. Ihre Bewohner lebten mehr schlecht als recht von Strandgut, bis der Walfang im 17. Jh. zeitweise Wohlstand brachte. Nach dessen Ende setzte Ende des 18. Jh. eine große Inselflucht ein. Erst mit dem Tourismus (ab 1834) änderte sich die Situation langsam. Auf Borkum, seit 1850 anerkanntes Nordseeheilbad, herrscht ein pollenarmes und besonders jodhaltiges Hochseeklima, obwohl Autoverkehr weitgehend zugelassen ist.

Die Insel kann mit seiner Dünenlandschaft, rund 25 km Sandstrand und der herrlich frischen Luft wuchern. An der Strandpromenade wechseln sich allerdings eher hässliche Betonburgen mit gediegenen Bauten aus der Gründerzeit ab.

MONDÄN UND BALLERMANN

Norderney ist das älteste Seebad an der Nordseeküste, von der geologischen Entstehungsgeschichte her jedoch der Youngster unter den Ostfriesischen Inseln. Das zweitgrößte der ostfriesischen Eilande (26 km²) bewältigt heute höchst erfolgreich den Spagat zwischen Tradition und gnadenlosem Tourismustrubel.

Zunächst urlaubten hier überwiegend die oberen Zehntausend; Dichter und Komponisten ließen sich hier inspirieren. Heute verzeichnet die Insel über 3 Mio. Übernachtungen pro Jahr. Schon von der Fähre aus fällt die urbane Silhouette der Stadt Norderney auf. Am altehrwürdigen Conversationshaus lauschen sittsam gekleidete Gäste älteren Semesters dem Kurkonzert. Dort, wo einst Clara Schumann für gekrönte Häupter Klavierkonzerte gab, erklingen auch

Oben: Bis heute stehen die Badekarren auf Norderney im Dienst – z. B. als Trauzimmer auf Rädern. Platz ist für das Brautpaar, die Trauzeugen und die Standesbeamtin. Rechts: Bugperspektive aufs Wattenmeer.

heute noch moderate, klassische Töne. Einen Steinwurf entfernt wummern nachts House- und Techno-Bässe. Sittsam gekleidet ist kaum jemand, wenn beispielsweise das „White Sands Festival" zelebriert wird. Ein Event, das Beachvolleyball, Windsurfen und Party kombiniert. Norderney, gleichzeitig mondän, vornehm und der „Ballermann" im Wattenmeer, ist fraglos auch die Sportlichste unter den Ostfriesischen Inseln. Urlauben und urlauben lassen – so könnte das Motto der Insel lauten.

DIE „KLIMAINSEL"

Töwerland nennen die Juister auf Plattdeutsch ihre Insel, was so viel wie Zauberland bedeuten soll. Das Eiland zwischen Borkum und Norderney ist das schmalste der Ostfriesischen Inseln und ein wahres Naturparadies. Je nach Gezeiten misst Juist teilweise nur 500 m in der Nord-Süd-Ausdehnung, ist dafür mit knapp 17 km die längste dieser Inseln. Gern wird Juist auch die schönste Sandbank der Welt genannt. Seit 1840 ist es staatlich anerkanntes Seebad.

Sturmfluten zerstörten zuletzt vermehrt Teile der herrlichen Naturlandschaft auf Juist und war-

fen bange Fragen auf. Die Verantwortlichen machten sich also Gedanken über das Morgen hinaus. Sie beriefen einen Nachhaltigkeitsbeauftragten, erklärten sich bereits 2010 offiziell zur „Klimainsel"; 2015 wurde Juist mit dem deutschen Nachhaltigkeitspreis ausgezeichnet. Bis 2030 will die Insel klimaneutral werden.

Die Tradition hilft dabei: Es gibt keinen Flughafen, auf der Insel fährt man Fahrrad statt Auto, Transporte übernehmen Pferdekutschen, Wind- und Solaranlagen sowie Geothermie (Erdwärme) sind angesagt.

BOLLERWAGEN STATT LUXUSSCHLITTEN

Aneinandergereiht wie Perlen auf einer Schnur liegen die Ostfriesischen Inseln im Wattenmeer – am östlichen Ende Baltrum, Langeoog, Spiekeroog und Wangerooge. Hier geht es überwiegend „sutsche" zu, wie man im Norden zu sagen pflegt: ruhig, unaufgeregt und gemütlich. Wunderbar lässt es sich einen Gang runterschalten – was keineswegs wörtlich zu verstehen ist, denn alle vier Inseln sind autofrei. Bollerwagen rumpeln übers Pflaster. Und kaum dass die Fähren

Auf den autofreien Ostfriesischen Inseln kommt man beispielsweise mithilfe von natürlichen Pferdestärken von A nach B.

vom Festland ablegen, hat man die Alltagshektik vergessen.

Baltrum, Langeoog, Spiekeroog und Wangerooge eint, dass die Uhren hier langsamer ticken als beispielsweise auf dem mondäneren Norderney. Und doch hat jede Insel ihren eigenen Charme. Wangerooge besitzt zudem das Alleinstellungsmerkmal, streng genommen gar keine Ostfriesische Insel zu sein. Denn das Eiland gehört historisch gesehen zum friesischen Jeverland, also zu Oldenburg.

MUSIKALISCHES DORNRÖSCHEN

Spötter behaupten, der Name Baltrum leite sich davon ab, dass man bei einem Spaziergang „bald rum" sei. Das Eiland liegt zwar in der Mitte der ostfriesischen Perlenkette, ist aber wahrlich nicht der Nabel der Welt. Die Insulaner selbst haben

ihm den Namen „Dornröschen der Nordsee" gegeben. Entweder man kommt einmal und nie wieder oder man empfindet es als märchenhaft schön. Dem großen deutschen Expressionisten Paul Klee ging es 1923 ganz offensichtlich so. Er konnte sich von der wunderbaren Dünenlandschaft und der beschaulichen Atmosphäre inspirieren lassen. Jedenfalls entstand eine Reihe von Aquarellen, die „Nordseebilder" mit Titeln wie „Häuser an der Düne", „Wattenmeer" und „Dünenflora". Paul Gauguin, der Klee maßgeblich beeinflusst hatte, musste extra in die Südsee fahren, Klee reichte Baltrum.

Auch die Insulaner sind von der Muse geküsst worden. Auf keiner anderen Ostfriesischen Insel geht es so musikalisch zu wie auf Baltrum. Selbstverständlich ohne großen technischen Schnickschnack – „unplugged", wie so etwas heutzutage

Baltrum, Langeoog, Spiekeroog und Wangerooge eint,
dass die Uhren hier langsamer ticken.

Nur rund 500 Insulaner leben auf Baltrum – jährlich empfangen sie etwa 30 000 Gäste.

heißt. Im Shanty-Chor schmettern die Männer Seemannslieder, die Baltrumer Frauen hatten bereits lange zuvor eine Gitarrengruppe ins Leben gerufen. Irgendwie logisch, dass auch die Gäste musikalisch aktiv sind. Seit den 1950er-Jahren treffen sie sich Sommer für Sommer fast täglich am Strand, um gemeinsam zu singen.

Dass die Kröten, die im Großen Dünental ihr Frühlings-Konzert geben, „Baltrumer Nachtigallen" genannt werden, sei nur am Rande erwähnt.

„PRÄSIDENTENSUITE" IM GRÜNEN

Spiekeroog scheint deutsche Bundespräsidenten magisch anzuziehen. Sowohl Gustav Heinemann als auch Walter Scheel, Richard von Weizsäcker und vor allem Johannes Rau urlaubten auf der Nordseeinsel. Letzterer hatte eine genaue Vorstellung davon, wie ein perfekter Sommertag dort auszusehen hat: auf keinen Fall den Wecker stellen, sondern schlafen, bis man wach wird. Danach bitteschön gemütlich auf der Veranda frühstücken und anschließend in Ruhe nachsehen, ob das Schiff mit den aktuellen Zeitungen angelegt hat.

Für den Winter hatte der Politiker ebenfalls einen exzellenten Plan parat: „Alles genau so machen wie im Sommer, nur die Heizung höher drehen." Spiekeroog ist eben ein Hort der Ruhe, der ohne Flughafen, Busse, Autos und möglichst sogar ohne Fahrräder auskommt. Viel zu hektisch, diese Raser auf zwei Rädern. Das öffentliche Verkehrsmittel auf Spiekeroog wird von exakt einer Pferdestärke betrieben, seit in den 1980er-Jahren die alte Pferdebahn reaktiviert wurde.

Die schnuckeligen Häuser im Inseldorf, mit hübsch verglasten Wintergärten und grün getünchten Zäunen davor, ducken sich im Schutz mächtiger Linden und Kastanien. Das älteste von ihnen wurde 1705 errichtet. Sein Bauherr war ein Pfiffikus: Er sorgte für den Fall einer Sturmflut vor und konstruierte das Dach seines Hauses geschickterweise so, dass es im Katastrophenfall als Floß dienen konnte.

Spiekeroog ist wohl nicht nur die beschaulichste, sondern auch die grünste der Ostfriesischen Inseln. Was in erster Linie einem Oberforstdirektor aus Hannover zu verdanken ist. Als

Die Wangerooger Inselbahn
ist das wichtigste öffentliche
Transportmittel auf der Insel.

er Mitte des 19. Jhs. als Gast auf der Insel weilte, begann er, das erste Wäldchen anzulegen. Den Insulanern gefiel die Idee, und sie taten es ihm nach. Schwarzkiefern, Eichen, Erlen, Ebereschen, Zitterpappeln und Birken, aber auch die weitverbreiteten Krähenbeerheiden, gediehen und gedeihen prächtig und geben der Insel ihr charakteristisches grünes Kleid.

DEM SIEBTEN HIMMEL NÄHER

Wangerooge traute sich als Erste. Der Alte Leuchtturm auf der Insel ist seit 1996 Außenstelle des Standesamtes, in der heiratswillige Paare in eine gemeinsame Zukunft aufbrechen können. Weit über 5000 Brautpaare haben sich seitdem hier das „Ja-Wort" gegeben. Vielleicht weil sie sich in rund 30 m Höhe in der einstigen Wachstube des Leuchtturmwärters dem siebten Himmel etwas näher fühlen? Vielleicht auch, weil die Hochzeitsfotos nicht so aussehen wie die von Freunden und Bekannten? Denn die werden auf der stets windigen Aussichtsplattform gemacht, wehende Hochzeitskleider und zerzauste Frisuren inklusive. Romantisch ist eine Leuchtturm-Hochzeit auf Wangerooge sowieso. Aber auch praktisch. Weil man die Flitterwochen gleich auch noch auf der Insel verbringen kann.

1969 konnte der Alte Leuchtturm nach immerhin 113 Dienstjahren seiner ursprünglichen Bestimmung nicht mehr nachkommen. Seine Leuchtkraft reichte nicht mehr aus, um den Schiffen in der Nordsee den Weg zu weisen. Dies übernimmt seitdem der von Schillig aus ferngesteuerte Neue Leuchtturm. Doch damit nicht genug zum Thema Wangerooger Leuchtfeuer. Die Insel leistet sich nämlich noch eines, den Westturm, bereits um 1600 erbaut. Mitte des 19. Jhs. bekam er nasse Füße, nach einer Sturmflut und wegen Wangerooges ausgeprägter Neigung, im Wattenmeer herumzuwandern. 1914 wurde er schließlich kurzerhand in die Luft gejagt, aus Sorge, die englische Marine könnte durch ihn allzu leicht zum kaiserlichen Marinestützpunkt in Wilhelmshaven geführt werden.

Heute beherbergt der in den 1930er-Jahren fast originalgetreu nachgebaute neue Westturm die Jugendherberge der Insel. Und es sollte doch nicht wundern, wenn einige der Jugendlichen später einmal wiederkommen, um im Alten Leuchtturm von Wangerooge in den Hafen der Ehe einzulaufen.

FRIESISCH HERB – DAS LAND AN DER JADE

Wo das Bier herb schmeckt, die Kluntjes leise im Tee knistern, wo man sich auch um Mitternacht noch mit „Moin" begrüßt, wo sich anstelle der traditionsreichen Windmühlen gigantische Rotoren moderner Windenergieanlagen in der steifen Brise drehen, jenseits der sogenannten Goldenen Linie also, da beginnt Friesland. Hier liegt Wilhelmshaven, im Gegensatz zur Herrschaft Jever mit ihrem Schloss noch vor 150 Jahren nichts mehr als eine öde Marschlandschaft, in der mit dem JadeWeserPort ein gigantischer Container-Terminal entstanden ist.

Glückliche Heuler

· ·

„Guck mal, ist der niedlich!" – Peter Lienau, Leiter der Seehundaufzuchtstation in Norddeich, bekommt solche Liebeserklärungen täglich zu hören. Sie gelten natürlich nicht ihm, sondern den kleinen Seehunden und Kegelrobben in den Bassins. Dass die so freundlich aus ihren Knopfaugen in die Weltgeschichte blicken können, haben sie der Seehundaufzuchtstation zu verdanken, die verwaiste Jungtiere rettet und wieder aufpäppelt. Zunächst in Quarantäne, kommen die Findlinge schon bald zu ihren Artgenossen in die großen Becken. Können sie selbstständig fressen und haben ein Gewicht von 25 bis 30 kg erreicht, geht es wieder hinaus in die Nordsee.

GERMANY

Für Wilhelmshavener ein Lieblingsort: der Hafen mit der Kaiser-Wilhelm-Brücke.

Es mag paradox klingen, aber ganz im Osten der Ostfriesischen Halbinsel muss man auf den Zusatz „Ost" verzichten. Östlich der „Goldenen Linie", im 17. Jh. zwischen dem Fürstentum Ostfriesland und der Grafschaft Oldenburg in der seinerzeit noch nicht eingedeichten Harlebucht gezogen, bestehen sie nämlich darauf, Friesen zu sein. Ebbe und Flut bestimmen auch hier das Leben an der Küste. Und wenn Touristen bisweilen herumnörgeln, man könne ja zeitweise gar nicht baden in der Nordsee, halten Ostfriesen und Friesen zusammen und entgegnen: „Das mag ja sein, aber wo kann man sonst schon auf dem Meeresboden spazieren gehen."

ANSTÖSSIGES AM JADEBUSEN

Im Jahr 1984 schreckte die Bildzeitung ihre Leser wollüstig mit der Schlagzeile „Riesenpenis am Jadebusen". Eckart Grenzer hatte mit seinem „Grenzstein" am Dangaster Strand für viele die Grenzen des guten Geschmacks überschritten. Andere nahmen es locker und behaupteten, die Skulptur sehe eher aus „wie ein Seemann mit Südwester auf dem Kopf". Und der stört längst niemanden mehr. Die Badegäste nutzen ihn als

Handtuchhalter, die Kinder als Torpfosten. Dangast ist schon lange ein Ort der Kunst. Vor allem die 1905 gegründete Künstlergemeinschaft „Die Brücke" ließ sich von der Atmosphäre hier inspirieren. Auch der Maler Franz Radziwill hatte sein Atelier in Dangast, Joseph Beuys war von Zeit zu Zeit Gast. Heute kann man ihre Werke auf einem Kunstpfad bewundern.

DER „GOLDENE RING"

Für die Ostfriesen an der Küste gehört das „Übern-Deich-gucken" schon fast so zum Alltag wie das Teetrinken. Es ist vielleicht auch eine Art der Ehrerbietung. In dem Wissen, dass sie ohne die Deiche nicht überleben könnten.

Begonnen wurde mit dem Deichbau an Ostfrieslands Küsten vor gut 1000 Jahren. Zunächst waren es kleinere, ringförmige Deichanlagen um die Gehöfte, erst im 13. Jh. wurden sie zu einem durchgehenden Seedeich verbunden, dem „Goldenen Ring". Doch wenn der „Blanke Hans" zu wüten begann, erwiesen sich diese Deiche oft als nicht ausreichend. Über die Jahrhunderte fanden Abertausende in hereinbrechenden Fluten den Tod. Bis ins 18. Jh. waren allein die Landbe-

sitzer an der Küste für die Deiche verantwortlich. Doch oft waren die Bauern mit ihren Pflichten überfordert. Inzwischen erledigen modernste Baumaschinen die Arbeiten, Computer errechnen auf den Millimeter genau die Anforderungen an die Deiche. Lag die durchschnittliche Höhe im 16. Jh. noch bei 4,5 m, so beträgt sie nun mehr als 8 m.

Längst sorgen neben dem Haupt- oder Seedeich zusätzliche Sommer- und Flügeldeiche für Sicherheit. Doch sind die Haus- und Grundbesitzer keineswegs von ihren Pflichten entbunden und, in Deichverbänden oder Deichachten sozusagen zwangsorganisiert, weiterhin für den Unterhalt der Deiche zuständig. Bei Neubauten, Erhöhungen oder umfassenden Erweiterungen zeichnen heute allerdings Bund und Länder verantwortlich für Planung und Umsetzung und übernehmen die notwendigen Investitionen.

NACH RUSSLAND ODER AMERIKA

Joe Biden war noch nicht dort, auch der russische Präsident Wladimir Putin hat sich noch nicht blicken lassen. Dabei wäre es doch ein Einfaches, mit dem Fahrrad zu bilateralen Gesprächen anzureisen, trennen Russland und Amerika hier in Ostfriesland gerade einmal 2 km. Kein Visum ist nötig, kein Ozean versperrt den Weg – in der Friesland-Gemeinde Friedeburg. In Amerika beherrschen weder Wolkenkratzer noch Highways, sondern Wallhecken und schwarzbunte Rindviecher auf satt-grünen Weiden das Landschaftsbild.

Man spricht Plattdeutsch statt Englisch in der spöttisch mit dem Namen Amerika versehenen, einst dem weit ins Land reichenden Jadebusen abgerungenen „Neuen Welt".

Auch in Russland ist rein gar nichts zu finden, was man gemeinhin mit der Großmacht verbin-

Für die Ostfriesen an der Küste gehört das „Übern-Deich-gucken" schon fast so zum Alltag wie das Teetrinken. Es ist vielleicht auch eine Art der Ehrerbietung.

Links: Marinehafen und JadeWeserPort sind Ziel von Hafenrundfahrten. Oben: Bei Ebbe schaut man auf die Welle an Land – die Skulptur „Welle über die Mauer" am Südhafen.

det. Die Kommunisten hatten hier nie etwas zu sagen. Böse Zungen verbreiten, dass der Ort so heißt, weil die karge Vegetation an Russlands Steppen erinnere. Wahrscheinlicher ist, dass hier früher Köhler ihrem Handwerk nachgingen, im Volksmund „Rußer" genannt. Von ihnen ist sprachlich der Weg zu den Russen nicht weit.

GEISTERHAFEN AN DER JADE

Was hat Wilhelmshaven, was Hamburg und Bremen nicht haben? Die eher als provinziell geltende „Grüne Stadt am Meer" zeigt stolz auf ihren JadeWeserPort. Mit ihm wollte die Hafenstadt – bisher eher für die „Grauschiffe" der Marine bekannt – in die erste Liga der Container-Schifffahrt aufsteigen.

Die Idee und mit ihr die Hoffnung auf neue Arbeitsplätze in der strukturschwachen Region entstand bereits 1993, doch erst im März 2008 konnten die Bagger die Arbeit aufnehmen. Rund 3000 Petitionen gegen das Projekt führten immer wieder zu Verzögerungen. Anwohner und Naturschützer befürchteten u.a. die Zerstörung des Geniusstrandes, Wilhelmshavens einzigen Sandstrands, und sorgten sich um die Brutgebiete seltener Vogelarten. Im September 2012 ging der JadeWeserPort offiziell in Betrieb.

Doch der Start war deutlich schlechter als erhofft. 2,7 Millionen Container könnten an Deutschlands einzigem Tiefwasserhafen rund um die Uhr umgeschlagen werden, hatte man kalkuliert. Nach einem Jahr zog man die vernichtende Bilanz, dass gerade einmal zehn Prozent davon angelandet wurde. Der JadeWeserPort mutierte zum Geisterhafen.

Doch ab 2015 verbesserte sich die Auslastung deutlich. Der Hafen brummte, weil die größten der „Riesenpötte" Schwierigkeiten hatten, Hamburg voll beladen anzulaufen. 2016 hatte Wilhelmshaven einen Umschlag von 481 720 Twenty-foot Equivalent Unit – so nennt sich das Maß für Kapazitäten von Containerschiffen und Hafenumschlagsmengen – zu verzeichnen. 2017 kam der JadeWeserPort auf 554 449 TEU, 2018 dann auf 655 000, 2019 waren es 639 000 TEU. Mitte 2019 eröffnete der VW-Konzern ein Logistikzentrum und Anfang 2020 kündigte das Unternehmen China Logistic an, 100 Millionen Euro in ein weiteres Logistikzentrum am JadeWeserPort zu investieren.

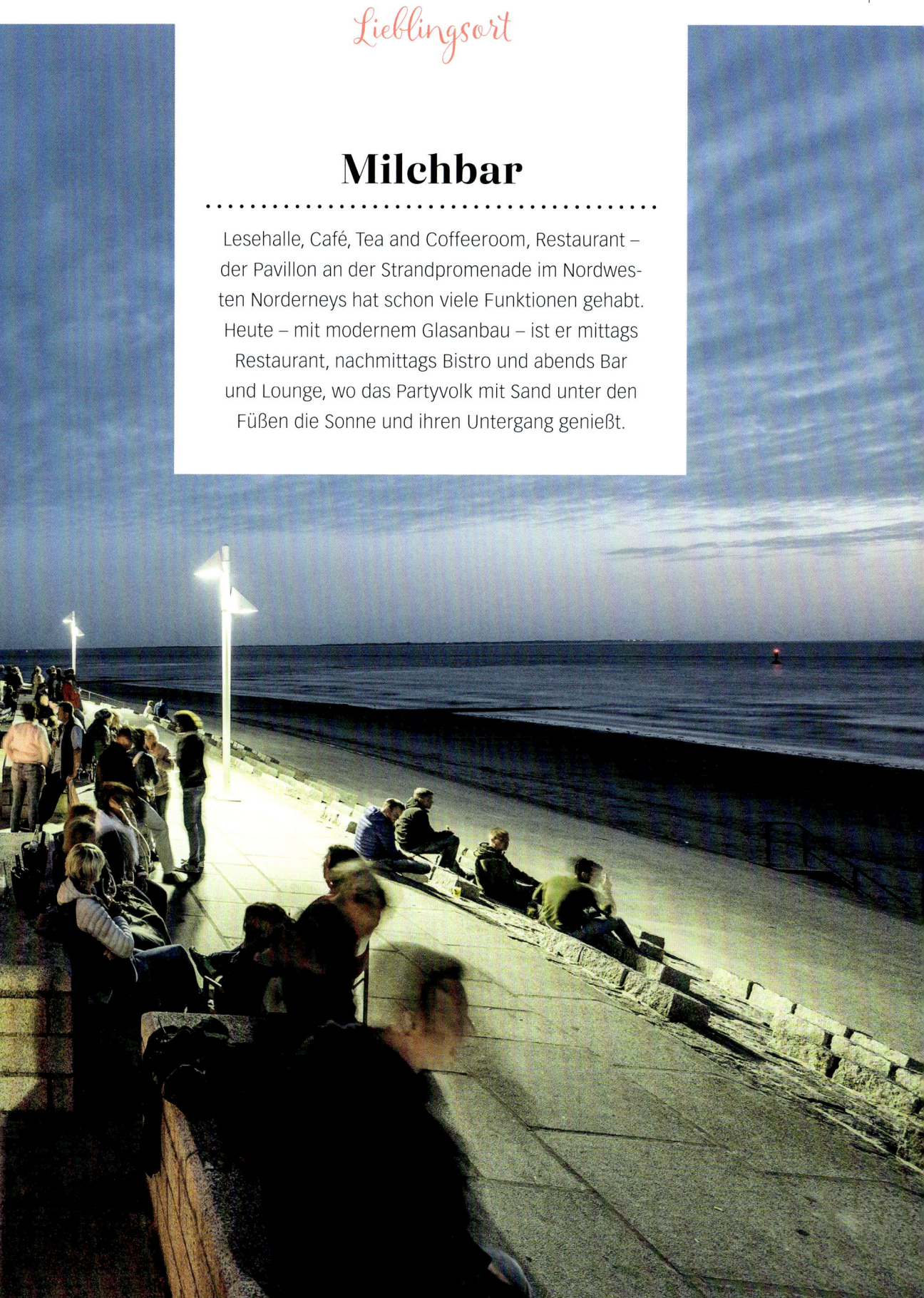

Lieblingsort

Milchbar

Lesehalle, Café, Tea and Coffeeroom, Restaurant –
der Pavillon an der Strandpromenade im Nordwesten Norderneys hat schon viele Funktionen gehabt.
Heute – mit modernem Glasanbau – ist er mittags
Restaurant, nachmittags Bistro und abends Bar
und Lounge, wo das Partyvolk mit Sand unter den
Füßen die Sonne und ihren Untergang genießt.

Infos & Empfehlungen

1 | GREETSIEL

Das malerische Fischerdorf mit seinen gut erhaltenen Häusern aus dem 17. und 18. Jh. ist die Perle auf dem Festland. Hauptattraktion ist der Hafen mit seinen Krabbenkuttern. Als Wahrzeichen gelten die Zwillingsmühlen am Sieltief. Das Prädikat „höchster Leuchtturm Deutschlands" ziert den nahen Campener Leuchtturm.

TOURISTIK-GMBH KRUMMHÖRN-GREETSIEL, ZUR HAUENER HOOGE 11, 26736 GREETSIEL, WWW.GREETSIEL.DE

2 | BORKUM

Borkum ist mit knapp 31 km² die größte der Ostfriesischen Inseln. Das Nordseeheilbad prägt ein pollenarmes und jodhaltiges Hochseeklima, es wuchert mit einer Dünenlandschaft, rund 25 km Sandstrand und der herrlich frischen Luft. Die Nordseeküste im Blick hat man vom Neuen Leuchtturm (Goethestraße 1). Und das Feuerschiff Borkumriff dient als Infozentrum für den Nationalpark Wattenmeer (Am Neuen Hafen, www.feuerschiff-borkumriff.de).

TOURIST-INFORMATION, AM GEORG-SCHÜTTE-PLATZ 5, 26757 BORKUM, WWW.BORKUM.DE

3 | JUIST

Je nach Gezeiten misst die „schönste Sandbank der Welt" teilweise nur 500 m in der Nord-Süd-Ausdehnung, mit knapp 17 km ist sie dafür die längste der Ostfriesischen Inseln. Das 1898 errichtete Historische Kurhaus, das „Weiße Schloss am Meer", ist ein beeindruckendes Beispiel der Seebä-der-Architektur an der Nordseeküste. Am Westende Juists liegt das Billriff, auf dessen Sandbänken sich bei Ebbe gelegentlich Seehunde tummeln.

KURVERWALTUNG, STRANDSTR. 5, 26571 JUIST, WWW.JUIST.DE

4 | NORDERNEY

Schon von der Fähre aus fällt die urbane Silhouette der Stadt Norderney ins Auge. Dort geht es in der Hauptsaison lebhaft zu – Ruhe findet man in der weitläufigen Dünenlandschaft und an den Stränden. Das mondäne Kurhotel und das Kurtheater wecken Erinnerungen an „anno dazumal". Vom 54 m hohen Leuchtturm genießt man einen herrlichen Rundblick. Im Besucherzentrum Watt Welten Wattenmeer erfahren Besucher, welche Überle-

Links: Badekarren auf Borkum
Oben: Unbedingt mal probieren!

benskünstler das Wattenmeer besiedeln (Am Hafen 2, www.nationalpark-haus-norderney.de).

TOURIST-INFORMATION,
AM KURPLATZ 1, 26548 NORDERNEY,
WWW.NORDERNEY.DE

5 | BALTRUM

Die mit rund 6,5 km² Fläche kleinste der Ostfriesischen Inseln galt lange

als „Dornröschen der Nordsee". Baltrum lockt mit bis zu 300 m breiten Sandstränden und unberührter Dünenlandschaft. Dank alter Fischerhäuschen konnte sich die Insel ihren Charme bewahren. Auf der autofreien Insel poltern noch Pferdekutschen über das Pflaster. Das Nationalpark-Haus präsentiert eine Ausstellung zum Thema Gezeiten (Haus Nr. 177, www.nationalparkhaus-wattenmeer.de). Ein rund 7 km langer Gezeitenpfad führt über die Insel.

KURVERWALTUNG BALTRUM,
WESTDORF 130, 26579 BALTRUM,
WWW.BALTRUM.DE

6 | LANGEOOG

Die rund 20 km² große und autofreie Insel bietet einen 14 km langen Sandstrand. 1901 zunächst als Pferdebahn in Betrieb genommen, bringt die Langeooger Inselbahn Touristen heute mit Dieselkraft vom Anleger ins Dorf. Die 20 m hohe Melkhorndüne erlaubt einen schönen Rundblick über die Insel. Das nahe Vogelwärterhäuschen ist Anlaufstelle für Hobby-Ornithologen – überhaupt ist Langeoog ein Paradies für Vogelliebhaber. Die Langeooger Fährflotte veranstaltet Ausflüge ins Wattenmeer (Hauptstraße 28).

TOURISMUSSERVICE LANGEOOG,
HAUPTSTRASSE 28, 26465 LANGEOOG,
WWW.LANGEOOG.DE

7 | SPIEKEROOG

Spiekeroog wird wegen ihres großen Baumbestands auch die „Grüne Insel" genannt. Das 18 km² große autofreie Eiland ist ein nahezu perfekter Ort für all diejenigen, die Ruhe suchen und Urlaub im Einklang mit der Natur verbringen möchten. Neben einer einzig-

artigen Dünenlandschaft, wunderbaren Stränden und stillen Wäldchen reizt vor allem der idyllische Inselort.

KURVERWALTUNG SPIEKEROOG,
NOORDERPAD 25, 26474 SPIEKEROOG,
WWW.SPIEKEROOG.DE

8 | WANGEROOGE

Einige Bausünden aus den 1960er- und 1970er-Jahren machen das knapp 8 km² große Eiland nicht gerade zu einem architektonischen Kleinod, dafür lockt die Flaniermeile der Zedeliusstraße. Der feine Sandstrand liegt mit seinen Strandkörben zentrumsnah. Eine weite Aussicht genießt man vom rot-weißen Alten Leuchtturm (Zedelius-Straße 3, www.leuchtturm-wangerooge.de). Das Nationalpark-Haus Wangerooge informiert über Flora und Fauna im Wattenmeer (Friedrich-August-Straße 18, www.nationalparkhaus-wattenmeer.de).

OBERE KURVERWALTUNG, NORDSEE-HEILBAD WANGEROOGE, STRAND-PROMENADE 3, 26486 WANGEROOGE,
WWW.WANGEROOGE.DE

9 | WILHELMSHAVEN

Wilhelmshaven ist auf den ersten Blick keine Schönheit. Ein Besuch am Jadebusen lohnt sich dennoch aufgrund der vielfältigen Freizeitangebote. Sehenswert sind der JadeWeserPort, das Rathaus, die Kaiser-Wilhelm-Brücke, die Museen und das UNESCO-Weltnaturerbe Wattenmeer Besucherzentrum.

WILHELMSHAVEN TOURISTIK, BAHNHOFSPLATZ 10, 26382 WILHELMS-HAVEN, WWW.WILHELMSHAVEN-TOURISTIK.DE

Dithmar-schen und Helgoland

Der Landstrich zwischen Eider und Niederelbe ist heute als Europas größtes Kohlgebiet berühmt. Doch wer der Küste folgt, sieht auf den Gründeichen Schafe weiden. Davor liegt Helgoland, Deutsch-lands einzige Hochseeinsel.

Oben und rechts: Die Schäferei Rolfs bei Büsum ist eine Adresse für Urlaub auf dem Bauernhof oder Kaffee und Kuchen im Hofcafé.

NORDSEE OHNE TRUBEL

80 000 km Deiche, 1100 km Radwege, mehr als ein Dutzend Urlaubsorte und das Welterbe Wattenmeer: Dithmarschen ist Nordsee ohne Trubel, herrlich entspannend und sehr grün – von den Kögen bis zum Kohl, der hier König ist. Nur einen Bootsausflug entfernt liegt Helgoland vor der Küste. Mit ihren ungleichen Brüdern im Norden, den Nordfriesen, lagen die Dithmarscher mehrere Jahrhunderte lang in Fehde, bis heute neckt man sich gerne gegenseitig. Gemeinsam aber war ihnen trotz aller Differenzen jahrhundertelang der Kampf gegen das Meer.

Frei, wie die Dithmarscher sich immer bezeichnen, waren sie jedoch nicht. Ihre ungeliebten Regenten lehrten sie vielmehr das Fürchten. Und das bereits im frühen Mittelalter. Davon erzählt alle fünf Jahre ein Schauspiel, das Laien beim Burger Holzmarktfest im Ringwall der einstigen Bökelnburg aufführen: open-air und auf Platt. Es entführt in jene Zeit, als noch Graf Rudolf II. von Stade auf der Bökelnburg regierte. Auch nach vielen Jahren der Dürre forderte er die Zahlung des Zehnt. Mit einer List gelang es den Dithmarscher Bauern, sich 1145 des ungeliebten Regenten zu entledigen. Sie versteckten sich in den Kornsäcken, ließen die Ladung per Wagen auf die Burg bringen, sprangen beim vereinbarten Schlachtruf aus dem Sack, setzten die Burg in Brand, töteten Graf und Gattin – und gewannen so wieder ihre Freiheit.

LEOPARDEN AUS ROM

Auch etliche Grafen von Holstein kosteten Machtgelüste das Leben. Denn die „freien Bauern" hatten eine Zeitlang Lehnsherrn, die ihre Herrschaft nicht straff ausübten: die Bremer Erzbischöfe. Die 48 Regenten der Bauernrepublik genossen durch sie sogar das Wohlwollen des Papstes. 1460 jedoch wurde es bedrohlich. Die regierende Linie der Schauenburger verstarb. Die Oldenburger übernahmen, verbündeten sich mit den Dänen – und machten Druck. 1500 zog König Johann mit holsteiner und dänischen Truppen gegen Dithmarschen. Die Schlacht bei Hemmingstedt endete mit dem Sieg der todesmutigen Männer, Frauen und Kinder, die sich der mehr als doppelt so starken Streitmacht entgegengestellt hatten. Dieser Sieg ist bis heute tief im kollektiven Gedächtnis verankert.

Mit interaktiven Fragespielen und 8 m langem Großmodell hält ein Infopavillon an der Dusenddüwelswarf die Erinnerung an die legendäre Schlacht vom 17. Februar 1500 lebendig.

Die Familienlagune Perlebucht ermöglicht tidenunabhängiges Baden und Segeln.

Beim Krabbenpul-Wettbewerb in Marne ist Tempo gefragt.

VOLKSSPORT BOSSELN

Die Dithmarscher leben und lieben ihre Traditionen. Und pflegen ihr Erbe. Im Winter sieht man in den Geestdörfern Männer, die über die vereisten Felder ziehen und dabei eine Holzkugel mit Bleikern schleudern. Ihr Ziel beim Boßeln: die festgelegte Strecke mit möglichst wenigen Würfen zu überwinden. Und danach sich bei Grünkohl und Köm zu stärken. Früher wurde nur im Winter geboßelt und war das norddeutsche Kegeln den Männern vorbehalten. Doch heute lassen Boßelvereine die Kugel das ganze Jahr rollen. Und, oh Schreck, auch von Frauen! Doch Boßeln ist nicht gleich Boßeln, sagt Dörthe Brandt. „Beim Wettkampfsport Standboßeln hat jeder Athlet zehn Würfe. Beim Straßenboßeln werden die Würfe bis zum Ziel gezählt." Mit einem Bollerwagen voller Getränke wirft sie im Speicherkoog Dithmarschen Meldorf die Kugel. Mit dabei sind Touristen, die sich von der mehrfachen Europameisterin entlang der Originalstrecke der Boßel-EM 2000 Kniffe und Tricks für den Volkssport abschauen, der sich in Dithmarschen im 19. Jh. aus dem Klootschießen entwickelt hat.

STREIT AM SPEICHERKOOG

„Meldorf macht glücklich" – diesen Marketing-Slogan hat sich die Domstadt verordnet. Um den Tourismus auszubauen, um als Kleinstadt nicht zu sterben. Das sorgt für Streit am Speicherkoog. Denn glücklich sind der BUND und eine Bürgerinitiative nicht über die geplante Ferienhaussiedlung mit bis zu 80 Häusern, den neuen Wohnmobilstellplatz und den Ausbau des Sportboothafens direkt am europäischen Naturschutzgebiet. „Diese Perle der Natur ist in Gefahr!", kritisieren sie und protestieren gegen die immer stärkere touristische Entwicklung der Westküste.

Noch ist der Speicherkoog ein kleines Paradies. Zwar sausen hier schon Speedsurfer über das flache Wasser. Doch die Natur ist noch recht intakt. Bedrohte Vogelarten wie die Uferschnepfe sind in der amphibischen Landschaft daheim, die zu den letzten Balz- und Brutgebieten des Kampfläufers in Deutschland gehört. Seltene Orchideen sind hier noch zu finden. Und Seeadler, die am hohen Himmel ihre Kreise ziehen.

Wer Dithmarschens Küste folgt, sieht auf den Gründeichen nicht nur Schafe, sondern seit 2019

Wissenschaft erleben im Nordseeurlaub? Auf ins Mitmachmuseum Phänomania in Büsum.

auch Alpakas weiden. Besonders am Ostdeich von Büsum, wo die südamerikanischen Tiere Rodrigo und Maria Eduardo Teil eines Versuchs sind. Taugen auch Alpakas zum Küstenschutz und zur Deichbefestigung? Aber Achtung: Wer sich dem Duo zu sehr nähert, oder gar versucht, die Tiere zu streicheln, wird sofort angespuckt!

TOURISMUS STATT FISCHEREI

Neue Wege wagen, das fällt nicht immer leicht. Als in Friedrichskoog 2015 der Hafen schloss, verlor für viele Einheimische die Heimat ihr Herz. Die wenigen Kutter zogen um nach Büsum. Die Schiffe, die dort nicht mehr wettbewerbsfähig sind beim harten Hochseefang, hält der Museumshafenverein lebendig. Rettungsboot „Rickmer Bock", Gaffelkutter SH-5342 „Fahrewohl von Büsum" und BÜ 39 „Margaretha" machen Ehrenamtliche auf der Landberg-Werft wieder fit für die neue Saison. Sie entfernen Muscheln vom Rumpf und kalfatern bei den Holzschiffen die Nähte zwischen den Schiffsplanken mit Baumwolle und Holz, Pech oder Gummi, bis alles wasserdicht ist. Auch das Anstreichen gehört zu den immer wiederkehrenden Arbeiten im Winter. Frisch gestrichen lassen sie die Schiffe im Frühjahr wieder zu

Wasser. Dann sind sie im Hafenbecken I wieder die Hingucker – und starten regelmäßig zu Revierfahrten entlang der Küste.

Dabei kommen sie auch an der Familienlagune Perlebucht vorbei, die sich das Nordseeheilbad 2012 als tideunabhängigen Badestrand schenkte – und als Alternative zum Grünstrand und den Betontreppen ins Meer. Den tiefgreifenden Strukturwandel und Tourismusausbau, den St. Peter-Ording bereits zur Millenniumswende anschob, holt Büsum jetzt nach. Tschüs, Sixties, heißt es dort allerorten.

DAS NEUE BÜSUM

Was wurde da in den letzten Wintern nicht alles gebaut! Für die Touristen-Info entstand das neue Watt'n'Hus mit Kino, Lesesaal und Tobeland für Kids. Für die Deichpromenade gab es gemütliche Bänke und erstmals Windschutz, für den Büsumer Pesel einen neuen Wirt: Nisret Peci. Die Sturmflutwelten wandelten sich zur Phänomania. Neben dem Wellenbad eröffnete 2019 als Vier-Sterne-Plus-Haus direkt am Wasser das Lighthouse Hotel & Spa, auf der Shoppingstraße „Seemeile" ein Lifestyle-Shop nach dem anderen. Mit Mitteln der EU und des Landes inszeniert sich

Alljährlich im Juni zelebrieren die Glückstädter ihre Matjeswochen.

Büsum als „Perle der Westküste". Und bewahrt liebevoll sein Erbe. Neues wagen, Altes bewahren ist auch die Maxime von Andra Hansen, die mit ihrem Partner Patrick Kebekus in vierter Generation das Hotel Alte Post führt, das ihr Urgroßvater 1889 eröffnet hat. Ihre Urgroßmutter erfand dort ein Getränk, das Kult an der Küste ist: Eiergrog. Eigelb, Zucker, etwas Eiweiß, heißes Wasser und Rum kommen in die Tasse. Im Rezept stehen vier Centiliter Rum, fünf dürfen es auch gern sein, sagt Andra und öffnet der Stadtführerin die Tür, die die historische Gaststube mit dunklem Holz, Delfter Kacheln und typisch Dithmarscher Textilkunst stets in ihre Touren einbindet.

Dann biegt sie um die Ecke, hin zu Kolles Altem Muschelsaal. 1920 hatte Carl Kolle die einstige Fischbörse noch per Handschlag erworben und umgebaut zu einem Lokal. Enkeltochter Erika hält sein Andenken in Ehren. Täglich steigt sie auf ihren Tritt und reinigt einige der mehr als 100 000 Muscheln, die die 3,80 m hohen Wände der Traditionsgaststätte zieren. Aus allen Weltmeeren stammt die maritime Wanddeko, mit der der Büsumer Malermeister Bernhard Busch den Saal schmückte. Miesmuscheln und Herzmuscheln aus der heimischen Nordsee tummeln sich neben Jakobsmuscheln und Tritonschnecken, Austern und exotischen Arten. Nur mit Holzbürste, Prilwasser und grüner Seife säubert Erika den Muschelschmuck – andere Putzmittel würden die Schalen zerstören. Ein Fischer, der Feuerholz am Strand suchte, entdeckte das Wahrzeichen des Muschelsaals – Wilhelmine. Neben der Galionsfigur hängt eine alte Uhr. Auch sie ist im Innern ganz und gar mit Muscheln geschmückt. Wie früher wird sie per Hand aufgezogen. Nur die Speisekarte hat Küchenchef Karl-Heinz Kolle gesund verjüngt. Charme und Ambi-

Aus allen Weltmeeren stammt die maritime Wanddeko,
mit der der Büsumer Malermeister Bernhard Busch den
Saal schmückte – Muscheln.

Oben: Helgoland dient Seevögeln wie Basstölpel, Eissturmvogel und Dreizehenmöwe als Zuflucht. Rechts: Bunte Hummerbuden am Hafen von Helgoland.

ente haben die Zeiten unbeschadet überdauert, zum Jubiläum 2020 wurde alles frisch geputzt und strahlt wie zur Eröffnung.

GLÜCKSMOMENTE

Geschippert wird auch in Glückstadt: Das ganze Jahr hindurch setzen dort Autofähren ans niedersächsische Elbufer über. Brückenkopf nach Niedersachsen – das ist Glückstadt auch 400 Jahre nach seiner Gründung noch. Der dänische König Christian IV., und damit auch Herzog von Schleswig und Holstein, hatte 1614 beschlossen, die Elb-Marschen 50 km flussabwärts von Hamburg einzudeichen und eine Stadt samt Festung zu gründen, die Hamburg den gewinnträchtigen Seehandel abluchsen sollte. Das misslang, doch hinterlassen hat Christian eine Stadt vom Reißbrett, die dank der Sanierung als Stadtdenkmal heute sein Erbe bewahrt. Schon ihr Grundriss ist ungewöhnlich: Sechseckig, mit sieben Straßen, die auf den Markt mit Kirche und Rathaus zulaufen. Verträumte Kopfsteingassen und eine schmucke Hafenzeile machen Glückstadt richtig hygellig. „Dat schall glücken und dat mutt glücken, un dann schall se ok Glückstadt heten", hatte König Christian IV. 1617 gesagt. Es ist ihm gelungen.

Und bestimmt würde er auch den Matjes lieben, den die Glückstädter im Juni feiern.

DIE FARBEN VON HELGOLAND

„Rot ist die Kant, grün ist das Land, weiß ist der Strand". So lautet der Inselspruch von Deutschlands einzigem Hochsee-Eiland, den auch seine Flagge widerspiegelt. Im Lauf der Zeit hat die 2 km² große Nordseeinsel vielfach ihr Gesicht verändert. Am gravierendsten durch eine Sturmflut zu Beginn des 18. Jhs.. Damals wurde die heutige Badeinsel, die „Düne" mit feinstem Sand, von der Hauptinsel, einem Sandsteinfels mit 61 m hoher Steilküste, abgetrennt. Zwei Jahre nach Ende des Zweiten Weltkriegs brachten die Engländer 6700 Tonnen Sprengstoff an, um sämtliche militärischen Einrichtungen auf der Insel zu zerstören. Helgoland wankte in den Grundfesten, blieb aber bestehen. Im Frühjahr 2008 wurden Pläne bekannt, die Insel zu erweitern. Das Vorhaben wurde abgelehnt, die Inselbewohner stimmten mehrheitlich dagegen.

Helgoland ist autofrei. Mit Börtebooten werden die Passagiere großer Schiffe an Land gebracht. Das Fahrerlebnis in den rot-weißen Booten lässt sich auch bei Inselumrundungen erleben.

Infos & Empfehlungen

1 | HEIDE

Gute Stube der Stadt, mit 21 000 Einwohnern die größte Dithmarschens, ist der große Markt, den einige schmucke Bürgerhäuser säumen. Das Brahms-Haus (Lüttenheid 34, www.brahms-sh.de) erinnert an den Hamburger Komponisten (1833–1897), dessen Vater aus Heide stammte. Der älteste Kachelofen Norddeutschlands gehört zu den Schätzen im Heider Heimatmuseum (Lüttenheid 48, www.heide.de).

Im Mai erklingen bei der Brahms-Woche die Werke des norddeutschen Komponisten (https://brahms-sh.de). Anfang Juli entführt der Heider Marktfrieden ins Mittelalter mit Handwerkern, Krämern, Gauklern und Spielleuten (www.heider-marktfrieden.de).

17 km entfernt verrät in Albersdorf der Steinzeitpark Dithmarschen (Süderstraße 47, https://steinzeitpark-dithmarschen.de), wie die ersten Jäger und Sammler einst gelebt haben.

DITHMARSCHEN TOURISMUS, MARKT 10, 25746 HEIDE, WWW.ECHT-DITHMARSCHEN.DE

2 | BÜSUM

Der drittgrößte Ferienort der Nordseeküste Schleswig-Holsteins ist ein wichtiger Fischereihafen. Der Museumshafen Büsum birgt schwimmende Veteranen wie das Seenotrettungsboot „Rickmer Bock" und den ältesten fahrfähigen Büsumer Krabbenkutter (Hafenbecken 1, www.museumshafenbuesum.de). Hintergrund zur Küstenfischerei und zum Beginn des Tourismus vermittelt das Museum am Meer (Am Fischereihafen 19, www.museum-am-meer.de). Und das Deichfreilichtmuseum mit Deichnachbauten von 1200, 1600 und 1800 verrät, warum der Spruch „Wer nicht will deichen, muss weichen" bis heute gilt.

Anfang Juli lässt das Büsumer Meeresleuchten Himmel und Nordsee zu Evergreens in allen Farben leuchten (buesum.de). Mitte Juli kämpfen die Büsumer Fischer bei der Kutterregatta um den Sieg.

3 km östlich vom Stadtzentrum gewährt die Schäferei Rolfs – mit Spielscheune und Hofcafé – Einblicke in die Schafzucht (Marschenweg 26, 25761 Büsumer Deichhausen, www.schaeferei-rolfs.de). 12 km weiter

nördlich erinnert in Wesselburen das Hebbel-Museum an den Dichter von „Agnes Bernauer" und „Nibelungen" (Österstraße 6, http://hebbel museum.de).

FREIZEIT- UND INFORMATIONSZEN-TRUM WATT'N HUS, SÜDSTRAND 11, 25761 BÜSUM, WWW.BUESUM.DE

3 | MELDORF

Mit Museen, Konzerten und Kleinkunst ist Meldorf Dithmarschens Kulturhauptstadt. Der Dom St. Johannis ist das wichtigste Zeugnis der Frühgotik an der Westküste, das Alte Pastorat, das älteste Renaissancehaus im Meldorfer Stil, ist Sitz der Museumsweberei.

Zum Landesmuseum Dithmarschen (Bütjestraße 2–4, www.landesmu seum-dithmarschen.de) gehört das Freilichtmuseum Dithmarscher Bauernhof.

Der Speicherkoog der Meldorfer Bucht (8 km westlich von Meldorf) ist das größte tidenunabhängige Surfrevier der Nordseeküste Schleswig-Holstein. An der NABU-Nationalparkstation Wattwurm (einen Katzensprung weiter) starten Wattwanderungen (April–Okt.).

TOURISTINFORMATION MELDORF, NORDERMARKT 10, 25704 MELDORF, WWW.ECHT-DITHMARSCHEN.DE

4 | FRIEDRICHSKOOG

In der Seehundstation werden verletzte Seehunde und Kegelrobben aufgepäppelt, ehe es zurück ins Meer geht. Beobachten Sie die Tiere aus der Nähe in den Becken und bei Fütterun-

gen (An der Seeschleuse 4, https://seehundstation-friedrichskoog.de).

12 km entfernt veranstaltet die Privatbrauerei Dithmarscher in Marne Führungen mit Bierprobe und Verköstigung im Karlskeller (https://dithmar scher.de). Auf der Marschenbahn-Draisine (www.marschenbahn-draisine.de) geht es bis nach St. Michaelisdonn.

TOURISMUS-SERVICE, KOOGSTRASSE 141, 25718 NORDSEEHEILBAD FRIED-RICHSKOOG-SPITZE, WWW.FRIEDRICHS KOOG.DE

5 | GLÜCKSTADT

Dänenkönig Christian IV. ließ Glückstadt sternförmig als Festungsstadt anlegen. Die Altstadt bewahrt rund um den Marktplatz mit Backstein- und Renaissancepalais sein Erbe. Im Juni wird bei den Matjeswochen mit Volksfest und Festschmaus groß gefeiert.

35 km entfernt ist in Brunsbüttel das maritime Spektakel am Nord-Ostsee-Kanal (NOK) der Besuchermagnet: Kreuzfahrtschiffe und Containerriesen fahren durch eine imposante Schleusenanlage in die meistbefahrene Wasserstraße der Welt ein (www.schleu seninfo.de).

TOURISMUS-INFORMATION, GROSSE-NÜBELSTRASSE 31, 25348 GLÜCKSTADT, WWW.GLUECKSTADT-TOURISMUS.DE

6 | HELGOLAND

Hingucker im Unterland sind die bunten Hummerbuden am Hafen – statt Netzen und Hummerkörben sind dort heute Kunst und Lifestyle daheim. Ein

Nicht verpassen **Top 5**

1 **BRAHMS-HAUS**
In Heide dreht sich alles um den großen Komponisten, im Mai steigt die Brahms-Woche.
S. 51

2 **MUSEUMSHAFEN BÜSUM**
Hier sind tolle alte Schiffe zu bewundern – echte Veteranen.
S. 46, 50

3 **MELDORF**
Die Stadt ist die Kulturhauptstadt der Region mit einer starken künstlerischen Szene.
S. 45, 51

4 **SEEHUNDSTATION**
In Friedrichskoog werden verletzte Seehunde und Kegelrobben versorgt.
S. 51, 53

5 **LANGE ANNA**
Der 47 m hohe Brandungspfeiler aus Buntsandstein ist das Wahrzeichen Helgolands.
S. 51

Fahrstuhl – oder eine Treppe mit 182 Stufen – führt hinauf ins Oberland, wo ein 3 km langer Rundgang zur Langen Anna, der 47 m hohen Felsnadel, führt.

Ein Fels als Festung: Wie 1947 bei der Operation Big Bang Tausende Tonnen Munition die Bunker- und Militäranlagen der Insel zerstören sollten, verraten Bunkerführungen, die das Museum Helgoland ganzjährig anbietet (Kurpromenade 1430, www.museum-helgoland.de).

Inselumrundungen starten an der Landungsbrücke, im Rahmen von Strandführungen erlebt man die Seehund- und Kegelrobben-Kolonien auf der Düne.

TOURIST-INFORMATION, LUNG WAI 27, 27498 HELGOLAND, WWW.HELGOLAND. DE

Fütterung in der Seehundstation Friedrichskoog

Das Wattenmeer

Fragiles Ökosystem

Strandkrabben können bis zu 4 km am Tag zurücklegen und gehören zu einer Wattführung praktisch dazu.

W ildes Meer und weites Watt: Ebbe und Flut formten an der Nordseeküste eine einzigartige Landschaft, die als Nationalpark und Weltnaturerbe geschützt ist. Schifffahrt, Windfarmen und Urbanisierung der Küsten bedrohen das fragile Ökosystem Wattenmeer.

Die ersten Schritte auf dem Meeresboden überraschen Landratten. Bis zur Wade gibt das Schlickwatt nach, gräulich schwarz und etwas modrig. Reich an Vitalstoffen sorgt es aber für geschmeidige Haut. Seine oberste Schicht besteht aus Millionen von Kieselalgen – für Schlickkrebse und Wattschnecken ein Genuss! Hier im Mischwatt hat der Wattwurm sein Reich, der mit seinen Artgenossen den Meeresboden umgräbt. Weiter draußen im Sandwatt ist der Boden fast steinhart und gewellt, geformt von Wind und Wellen. Seehunde aalen sich auf einer langgestreckten Sandbank. Unter ihren jungen Welpen gibt es immer wieder ein paar „Heuler". Sie haben ihre Mutter verloren und weinen laut, um von ihr gefunden zu werden. Gelingt es nicht, werden sie in der Seehundstation Friedrichskoog (S. 51) aufgepäppelt, bis sie sich selbst versorgen können. Dann jagen sie Platt- und Schwarmfische, Krustentiere und Kopffüßer – fünf Kilo davon kommen täglich auf

den Teller! Besonderen Appetit haben sie auf das Kulttier der Nordseeküche: die Nordseegarnele. Um sich zu schützen, passt diese sich perfekt der Umgebung an, dehnt die Farbpunkte ihrer Haut aus oder zieht sie zusammen. Für Sauberkeit im Wattenmeer sorgt die Herzmuschel, die häufigste Muschelart der Gezeitenzone, die pro Stunde 2,5 Liter Meerwasser filtert.

Echte Rückzugsräume fehlen allerdings für die Watttiere. Nur auf drei Prozent der Nationalparkfläche sind Fischerei und jegliche andere Ausbeutung der natürlichen Ressourcen verboten.

Links: Dicht an dicht liegen Seehunde – eigentlich Einzelgänger – auf einer Sandbank.

Eiderstedt und die Halligen

Die Halbinsel Eiderstedt mit ihren wuchtigen Haubargen und alten Dörfern ist eine urfriesische Seelenheimat. Weiter nördlich prägen zehn Kleinode den Küstensaum: schwimmende Träume, die Halligen.

Die hölzernen Pfahlbauten am Strand sind das Wahrzeichen von St. Peter-Ording.

PLATT IST DAS LAND, WEIT DER BLICK

Gäbe es Eiderstedt nicht, müsste man es erfinden: Die nordseefrische Halbinsel mit ihren wuchtigen Haubargen, die sich unter dem hohen Himmel ducken, mit weitem Bauernland, alten Dörfern und dem kultigsten Seebad der Festlandküste ist einfach ein Original. Über Weiden, auf denen Schwarzbunte grasen, und Reet schweift der Blick hin zu einem kleinen Dorf mit einem großen Namen. „Welt" heißt es, und wohl kaum ein Ortsschild der Nordsee wurde so oft heimlich abmontiert und mitgenommen.

Vor einem anderen Dorf steht rostbraun mit Fähnchen ein kleines Häuschen: das „Landschaftsfenster" bei Tetenbüll eröffnet den Blick auf ein „Tief". Über solche Wasserarme drang die Nordsee immer wieder ins mühsam eingedeichte Land ein und zerstörte Haubarge und Warften, Weiden und Felder. Fünf solche Landschaftsfens-ter lenken inzwischen auf Eiderstedt den Blick auf das Besondere. Und nur in Tetenbüll gleich zwei. Das Dorf ist die Heimat der Haubarge. Und lebte einst vom Fleischexport nach England. Die Industrielle Revolution hatte dort für eine massive Landflucht gesorgt. Der Hunger in den Städten war enorm, besonders in London, das nur durch Nahrungsmittelimporte seine Bewohner ernähren konnte.

Eiderstedt war ideales Weideland. Mit Ross und Reiter wurden seine Rinder einst nach Hamburg getrieben und per Schiff nach England exportiert, der Eiderstedter Weidemastochse war ein Exportschlager. Die schlechte Anbindung an urbane Wirtschafts- und Versorgungsräume und BSE führten zur Krise. Die Halbinsel antwortete mit einer Qualitätsoffensive und führte das Siegel „Eiderstedter Qualitätsrind" ein, das für höchste Fleischqualität steht, aber auch für eine

Weiter landeinwärts schweben große Nagelrochen majestätisch durch das Wasser, gräbt sich ein Sternrochen zur Tarnung in den Sand ein.

Ende Juli feiert die Holländerstadt Friedrichstadt drei Tage lang ihr Lampionfest.

gute Haltung der Tiere auf den „fetten Marschweiden" der Region.

Noch weiter landeinwärts schweben große Nagelrochen majestätisch durch das Wasser, gräbt sich ein Sternrochen zur Tarnung in den Sand ein. Perfekt tarnen kann sich auch der Stechrochen, der von Tönninger Krabbenfischern an der Eidermündung gefangen wurde und nun im Multimar Wattforum eine neue Heimat gefunden hat. Katzenhaie, Dorsche, Quallen und Seepferdchen – die gesamte Nordseefauna und -flora, die sich wenige Kilometer entfernt im Nationalpark Wattenmeer tummelt, lässt sich seit 1999 in der Erlebnisausstellung entdecken. Auch mehr als zwei Jahrzehnte später hat sie nichts von ihrem Reiz verloren, ist die ausgestellte Tier- und Themenwelt so faszinierend wie die Tiden.

WAT(T) FÜR ALLE SINNE

Anfassen, ertasten, riechen, ausprobieren und durch aktives Erleben Verständnis wecken für das fragile Ökosystem ist seit der Eröffnung das Ziel des Wattforums, Wat(t) erleben sein Motto.

Im Brandungsbecken kann man mit einer Kurbel Wellen erzeugen, wenig weiter mit einer Unterwasserkamera eine Miesmuschelbank erfor-

schen oder mit Mikroskopen Kleinstlebewesen im Wasser entdecken. Im Streichelbecken darf man mit Seesternen auf Tuchfühlung gehen. Oder die Hand über die Haut eines Katzenhais gleiten lassen. Die raue Oberfläche verstärkt die Sinneseindrücke, die der Hai empfängt, um ein Vielfaches – perfekt, um Nahrung zu orten!

Höhepunkt im Walhaus mit der Dauerausstellung „Wale, Watt und Weltmeere" ist das fast 18 m lange Skelett eines Pottwals. Rund um den Riesensäuger präsentieren zehn Kammern vor allem seine kleineren – und einzigen – Verwandten, die im Nationalpark Wattenmeer leben: die von der Ausrottung bedrohten Schweinswale.

Ihnen begegnen Sie auf Törns, die in Tönning starten. Von April bis Oktober legt dort im Binnenhafen auch der Kapitän der „Adler II" zu ornithologischen Schiffsreisen mit Seefischfang ab. Mit an Bord sind stets auch Ranger von der Nationalparkverwaltung. Zwei Stunden lang geht es in langsamer Fahrt die Eider hinauf. Nonnengänse, Stockenten, Austernfischer und Kormorane schwimmen auf den silbrig schimmernden Fluten. Kleine Knutts und andere Zugvögel schwirren dicht am Deck vorbei. Der Kapitän drosselt die Fahrt, lässt ein Netz ins Wasser gleiten und holt es zehn Minuten später wieder hoch. Auf einem großen Tisch wird der Fang entleert. Stichlinge, Schollen und andere Plattfische liegen zwischen glasig grauen Garnelen. Strandkrabben krabbeln kreuz und quer. Einige Kinder versuchen, sie mit den Händen zu fangen. Erschrocken lassen sie los: Sind die Scheren scharf! Aus leeren Schneckenhäusern schauen Einsiedlerkrebse heraus. Die schwarze Schale der Miesmuscheln ist mit kalkigen Noppen und Kratern bedeckt – Seepocken. Daneben leuchten Seesterne in fahlem Gelb. „Das Wattenmeer ist die Kinderstube der Fische", sagt der Ranger und greift einen länglichen Mini-Fisch heraus. „Dass es jetzt wieder junge Heringe gibt, ist ein gutes Zeichen!" Mit großem Schwung wirft er den Fang zurück ins Meer. Nach zwei Stunden ist der Außenhafen des Eidersperrwerks erreicht. Dort wartet bereits die nächste Gruppe auf den Natur-Törn zurück nach Tönning.

Oben: Sturmflutmarkierungen im Hafen von Tönning.
Rechts: Begegnung im Multimar Wattforum.

KULT AN DER KÜSTE

Sportlich geht es am Nachmittag in St. Peter-Ording zu. Die Ebbe hat den Meeresboden freigelegt. Ausgerüstet mit GPS, wandert Georg-Werner Jensen mit einer kleinen Gruppe durch eine sonst verborgene Welt. Im weichen Schlickwatt sinken die Beine bis zu den Knien ein. Jensen reicht die Grabegabel: „Daran können Sie sich wieder herausziehen!" Auf dem harten Sandwatt kitzeln schlanke Spaghetti aus Sand die Sohlen – die

Stränge der Wattwürmer. Kleine Rippen verwandeln das Watt in ein Waschbrett. Dann spiegeln sich die Wolkenberge des Himmels in der weiten Fläche, tanzt die Sonne in tausend Strahlen in Wasserlöchern und Rinnsalen. Still ist es. Geradezu süchtig wird die Seele nach dieser Weite, dieser vertrauten wie fremden Nordseenatur.

Schon früh hat St. Peter-Ording erkannt, welch ein touristisches Potenzial vor seiner Haustür liegt: Weites Watt, wilde Dünen, Badesand-

Eiderenten

6000 der Tiere kommen alljährlich ins Wattenmeer, brüten allein und ziehen dann die Jungvögel gemeinschaftlich auf: die Eiderenten. Mehr als 2 kg bringt das Tier, das überwiegend tauchend erbeutete Muscheln frisst, auf die Waage – und ist damit die schwerste Ente der Nordsee. Sie ist sehr leicht zu erkennen. Ihr Kopf ist nahezu dreieckig; die Schnabelwurzel sitzt sehr hoch. Die Erpel tragen das ganze Jahr hindurch ihren typischen Schwarz-Weiß-Look, bei den Weibchen durchziehen schwarze Querwellen das Federkleid. Wie federleicht ihre Daunen sind, die in unsere Bettdecken wandern, kann man im Multimar Wattforum testen. Lassen Sie sich nicht vom Namen zu Fehlschlüssen verleiten: Er hat nichts mit dem Eider-Fluss zu tun, sondern leitet sich vom isländischen Seeriesen Ägir ab!

Kitesurfer vor dem Leuchtturm
Westerhever in St. Peter Böhl.

Strandkörbe in St. Peter-Ording, im Hintergrund einer der hier typischen Pfahlbauten.

bank. Der Ort vereint alles, was Nordseefans lieben. Dank vieler Millionen Euro, die in den letzten Jahren in 60 Projekte geflossen sind, ist „SPO" hip & chic und die Festland-Antwort auf Sylt. Derzeit wird die Erlebnispromenade noch verlängert, am Ordinger Strand entsteht ein Pfahlbau als Mehrzweckgebäude. Die öffentlichen Investitionen zogen private Bauprojekte nach sich. Im Jahr 2007 eröffnete mit dem Strandgut Resort das erste neue Hotel mit 100 Zimmern und eigenem Zugang zur Dünen-Therme. Es folgten das Beach Motel im Stadtteil Ording und das Hotel Zweite Heimat. Auch zahlreiche Traditionshäuser investierten in die Modernisierung ihrer Anlagen.

DIE KUNST DES KRABBENPULENS

Das alte Friesland lebt in Tönning – und besonders im Tönninger Packhaus. Einmal im Monat führt hier Heidi Levi während der Saison in die Kunst des Krabbenpulens ein. „Einfach ein, zwei Ringe nach dem Kopf den Panzer der Krabbe drehend brechen und abziehen", sagt die Seniorin; und fast 200 Urlauber staunen, wie fix es gehen kann. „Igitt, den Wurm ess' ich nicht", protestiert ein Steppke, als ihm die Eiderstedterin in alter Tracht eine frisch gepulte Krabbe reicht. „Ist doch

nichts dran –", entgegnet diese, „keine Knochen, keine Gräten, reines Muskelfleisch!" Genüsslich schiebt sie sich den rosa Winzling in den Mund. Während die Hände Krabbe um Krabbe vom Panzer befreien, erzählt sie von Meisterschaften im Krabbenpulen mit unglaublichen Rekorden und lässt die Vergangenheit lebendig werden. Mit Korbnetzen, rechts und links um den Bauch gebunden, gingen die Frauen früher auf Fang, wateten stundenlang im kühlen Wasser, bis die Körbe gefüllt waren. „Da haben wir es doch heute Abend gemütlicher!" Der Shanty-Chor „Tönninger Eiderenten" beginnt zu singen. Und unbemerkt steckt sich der Steppke die erste Krabbe in den Mund.

SCHWIMMENDE TRÄUME

So nannte Friesendichter Theodor Storm die Halligen. Geografisch liegen die Mini-Eilande auf der gleichen Höhe wie der Südzipfel Alaskas – zehn Kleinode im Wattenmeer, das seit Juni 2009 zum Weltnaturerbe gehört. Traumhaft sind aber auch Pellworm und Nordstrand!

Für Geologen sind die Halligen noch richtig junge Knirpse – als Kinder der „Groten Mandränke" von 1362 und 1634, verheerenden Sturmfluten, die Inseln zerrissen und die Halligen aus

Auf den bewohnten Halligen stehen die Häuser auf Warften, künstlich aufgeschütteten Hügeln.

Schlick gebaren. Noch immer werden sie mehrmals im Jahr überflutet und laufen „blank" beim Landunter. Dann erheben sich nur ihre graswachsenen Hügel – die Warften – aus der Weite des Meeres.

Im „Sturmflutkino" von Hallig Hooge wird das Naturspektakel für 20 Minuten Wirklichkeit. „Füße anheben! Ich lass das Wasser einlaufen!", ruft der Filmvorführer dann in den dunklen Saal. Sekunden später erobert der Blanke Hans die Hallig, rollt mit Macht über den Sommerdeich und umtost die Warften, die wie Burgen aus der Brandung ragen. Mensch und Tier drängen sich auf dem künstlich aufgeschütteten Erdhügel auf engstem Raum. Doch dann legt sich der Sturm, fließt das Wasser durch Schleusen zurück ins Meer. Rund 20 mal werden die Halligen so zwischen November und März jedes Jahr überspült. Bläst der Sturm konstant aus Nordwest, kann der Übergang zwischen Hoch- und Niedrigwasser „fließend" sein – und ein Landunter auch mehrere Tiden dauern.

Bei Sturmflut und Orkanböen bis zu zwölf Windstärken schützen die Halligbewohner ihre Gemäuer auf den Warften zusätzlich durch Sandsäcke. Und flüchten notfalls in den Schutzraum. Seit der Sturmflut von 1962 haben alle Hallighäuser solch einen sturmflutfesten Raum in Stahlbetonbauweise erhalten. Die Architektur der Halligen ist perfekt den Naturgewalten angepasst. Selbst die Gotteshäuser widersetzen sich nicht dieser Kraft. Sondern sind, wie die Hooger Halligkirche St. Johannis, auf Sand gebaut. So kann das eingedrungene Wasser nach einem Landunter

Bläst der Sturm konstant aus Nordwest, kann der Übergang zwischen Hoch- und Niedrigwasser „fließend" sein – und ein Landunter auch mehrere Tiden dauern.

schnell wieder ablaufen. Schiffsmodelle baumeln von der Decke. Neben der Kanzel schmückt eine Walmutter mit Nachwuchs das Schnitzwerk der Tür. Die Sandsteinsarkophage, die vor Jahrzehnten bei einer Sturmflut vor der Hallig im Watt freigespült wurden, haben die Halligbewohner längst zu Viehtränken umgewidmet.

PENSIONSVIEH UND TAGESAUSFLÜGLER

Doch die Kühe, die Jahrhunderte lang als „Pensionsvieh" jeden Sommer vom Festland auf die Hallig zum Weiden gebracht wurden, sind selten geworden. Heute sorgt nicht mehr die Landwirtschaft, sondern der Tourismus, meist in Person von Tagesbesuchern, für klingelnde Kassen. Länger als einen Tag blieb am 2. Juli 1825 der dänische König Frederik VI. Er übernachtete auf der Hanswarft in einem kunstvoll gekachelten Pesel – als Königspesel gehört die gute Stube des Gasthofs heute zum touristischen Pflichtprogramm von Hallig Hooge. Der älteste Pesel der Hallig indes steht auf der Backenswarft. Und der ist Annemarie Pezzi lieb wie teuer. Wer die original-

getreu erhaltene „Gute Stube" ihres Friesenpesels von 1756 fotografieren möchte, muss einige Euro als „Entschädigung" zahlen, wenn er dort nicht speist. Mehr als 400 Ausflügler versorgt Pezzi in der Hauptsaison täglich mit einem Mittagstisch und sorgt dafür, dass in 59 Minuten alle gegessen und getrunken haben. Noch während der Überfahrt telefoniert sie dazu mit Bernd Diedrichsen, dem Kapitän des MS Hauke Haien, der aus verwandtschaftlicher Verbundenheit den „Friesenpesel" den Gästen an Bord empfiehlt, und lässt sich die Bestellung durchgeben: Wie viel Fisch, wie oft Fleisch? Dann ruft sie die Kutscher ihrer „Gelben Planwagen" an, die Gäste einmal über die Insel führen – und dann zu ihr bringen, ehe es zurück an Bord geht.

VON WARFT ZU WARFT

Anleger, Hanswarft, Kirchwarft, Backenswarft heißt die klassische Kutschen-Runde durch den Osten der Hallig. Die Warften im Westen von Hooge kennen nur die Urlauber, die länger bleiben und wandern. Oder sich am Anleger Fahrräder leihen. Immer gegen den Wind strampeln sie

Blick in den Königspesel auf Hallig Hooge, der seinen Namen einer Stippvisite des Dänenkönigs Frederik VI. im Jahr 1825 verdankt.

vorbei an der Ockelützwarft mit der Halligschule zur Mitteltrittwarft, decken sich im Hofladen der Familie Binge mit Hallighonig und Schafskäse ein und laufen durch das Vorland im äußersten Westen, das Spaziergängern vorbehalten ist. Klee und Halligflieder haben die Fennen, die feuchten Weiden, in ein lilafarbenes Blütenmeer verwandelt. An den Abbruchkanten der Priele rasten Küstenseeschwalben. Draußen auf dem Meer kämpfen Lachmöwen, Silbermöwen und Mantelmöwen um die Reste, die Hooges einziger Fischer vom Kutter zurück ins Meer wirft. Vom Poller sieht ein Austernfischer dem Spektakel zu. Orangerot leuchtet sein spitzer, langer Schnabel in der Sonne. Abends verabschiedet sich die Sonne als glutroter Feuerball im Meer, und für Momente macht Hooge Hawaii Konkurrenz.

EHEMALIGE PARTY-LOCATION

Seehunde und Kegelrobben lassen sich auf dem Japsand beobachten. Noch in den 1970er-Jahren war die 5 km westlich von Hooge gelegene Sandbank Fluchtpunkt der Teenies, der Pärchen und all der anderen, die Abstand suchten zur engen

sozialen Kontrolle auf der Hallig. Mit ihren Pferden ritten sie dorthin, Cola und Kofferradio in den Satteltaschen, und genossen die wilde Weite, spürten das Leben, träumten und waren frei. Solche Partys sind inzwischen tabu. Der kleinste und nördlichste der drei Außensände im Nationalpark Schleswig-Holsteinisches Wattenmeer darf nur noch auf geführten Wattwanderungen betreten werden.

Wie auch die unbewohnte Hallig Norderoog. Sie ist der letzte Brutplatz der stark gefährdeten Brandseeschwalbe an der schleswig-holsteinischen Nordseeküste. Dass das Mini-Eiland nicht länger Land verliert, ist dem Verein Jordsand zu verdanken. Er veranstaltet dort jeden Sommer internationale Naturschutzworkcamps, bei denen Jugendliche aus aller Welt die Uferbefestigungen instandsetzen. Ohne ihre Hilfe wäre Norderoog schon längst ein Opfer der Sturmfluten geworden. Nur mit dem Notwendigsten ausgestattet, leben die 18- bis 30-Jährigen mitten im Wattenmeer im Rhythmus von Ebbe und Flut. Das schweißt zusammen – und beschert unvergessliche Eindrücke.

Im Leuchtturm auf Pellworm
können sich Heiratswillige das
Ja-Wort geben.

Infos & Empfehlungen

1 | ST. PETER-ORDING

Strandsegler, Dünen, Endlosstrand – St. Peter-Ording vereint alles, was Nordseefans lieben. Heimische Wild- und Haustiere aus 120 Arten stellt der Westküstenpark & Robbarium vor (Wohldweg 6, tierpark-westkuesten park.de). Der 12 km lange Sandstrand ist Spielwiese und Sonnenliege, Rennpiste der Strandsegler und Kitebuggyfahrer. Die Dünen-Therme gilt als modernstes Badezentrum der Nordsee. 50 km markierter Routen zum Walken oder Laufen vereint der Nordsee-Fitness-Park. Rot-weiß gestreift erhebt sich der Leuchtturm Westerhever 41 m hoch aus den Salzwiesen.

TOURIST INFO, MALEENS KNOLL 2, 25826 ST. PETER-ORDING, WWW.ST-PETER-ORDING.DE

2 | TETENBÜLL

Tetenbüll ist das Bilderbuchdorf der Halbinsel. In den Kopfsteingassen mit Backsteinkaten scheint die Zeit stehengeblieben zu sein. Um 1400 wurde St. Anna errichtet, deren Holzbalkendecke szenische Ereignisse der Bibel erzählt. Herrlich nostalgisch ist der Kolonialwarenladen Haus Peters (Dörpstraat 16). Der Kantorhof auf einer Warft bietet Einblicke in die bäuerliche Welt.

5 km entfernt erinnern in Garding eine Gedenkstätte und das Geburtshaus an den Historiker und Schriftsteller Theodor Mommsen (1817–1903; Norderring 15, www.museen-sh.de)

TOURIST INFORMATION, MARKT 26, 25836 GARDING, WWW.EIDERSTEDT.DE/TETENBUELL

3 | TÖNNING

Den Marktplatz säumen schmucke Bürgerhäuser. Sie überragt die St.-Laurentius-Kirche mit ihrem barocken Turm. An die Blütezeit des historischen Hafens erinnert das Packhaus von 1873, ein wuchtiger Backsteinbau, während das MULTIMAR Wattforum den Lebensraum Meer vom Watt bis zur Tiefsee präsentiert (Dithmarscher Straße 6, multimar-wattforum.de). An der Eidermündung vereint der Badestrand Tönning einen Sandstrand mit einer Deichgras-Badewiese.

17 km südwestlich schützt das riesige Eidersperrwerk seit 1973 das Land vor Überschwemmungen und stellt die Schifffahrt auf der Eider sicher. Etwas weiter nördlich lädt im Katinger Watt das NABU-Naturzen-

trum (Katingsiel 14, schleswig-hol
stein.nabu.de) dazu ein, die ehemaligen Watten und Salzwiesen der Eider
zu entdecken.

**TOURIST-INFO, AM MARKT 2, 25832
TÖNNING, WWW.TOENNING.DE**

4 | FRIEDRICHSTADT

Die Holländerstadt ist ein Gesamtkunstwerk mit schnurgeraden, recht-
winkligen Straßen und Grachten,
berühmten Treppengiebelhäusern,
fünf Gotteshäusern und vielen ver-
träumten Winkeln. In der Alten Münze
dokumentiert ein Museum Stadtgrün-
dung, Religionsvielfalt und Alltagsle-
ben (Am Mittelburgwall 23, www.
museen-sh.de).

**TOURISMUSVEREIN FRIEDRICHSTADT,
AM MARKT 9, 25840 FRIEDRICHSTADT,
WWW.FRIEDRICHSTADT.DE**

Nicht verpassen

Top 5

1 MULTIMAR WATTFORUM
Die interaktive Erlebnisausstellung
informiert über das Wattenmeer
und riesige Wale.
S. 57, 58, 67

2 KRABBENPULEN
Im Tönninger Packhaus lernt man,
wie man ruckzuck eine Krabbe
pult.
S. 61

3 HOLLÄNDERSTADT
Friedrichstadt hat wunderbare
Grachten, tolle Häuser und roman-
tische Winkel.
S. 57, 67

4 STURMFLUTKINO
Auf dem Mini-Eiland Hallig Hooge
lässt das Kino die Naturgewalten
in Aktion treten.
S. 63, 67

5 KÖNIGSPESEL
In diesem kunstvoll ausgestatteten
Raum übernachtete einst der dä-
nische König Frederik VI. auf Hallig
Hooge.
S. 63

Ausflug mit dem Wattpostboten? Auf nach Pellworm!

5 | HALLIG HOOGE

Die Halligkirche St. Johannes mit
Renaissancekanzel und Kunstwerken
von Meister Ringeling steht seit 1640
auf Sand – so kann Flutwasser schnel-
ler ablaufen. Gezeitenaquarium und
Wattwerkstatt locken in der National-
park-Ausstellung der Schutzstation
Wattenmeer (Hanswarft, www.schutz
station-wattenmeer.de). Wie die Menschen sich an das Leben mitten im
Meer angepasst haben und was der
„Blanke Hans" ihnen geraubt hat, verrät das Heimat- und Halligmuseum
(Hanswarft 11). Das Sturmflutkino
zeigt, was bei den Herbst- und Früh-
jahrsstürmen Alltag ist auf Hooge:
Landunter (Hanswarft, www.sturmflut
kino.de).

**TOURISTIKBÜRO, HANSWARFT 1,
25859 HALLIG HOOGE, HOOGE.DE**

6 | HALLIG LANGENESS

Gut 100 Menschen leben auf den
18 Inseln der langgestreckten „langen
Nase". Im Westen ragt seit 1902 der
Leuchtturm Nordmarsch auf. Die
Bockmühle auf der Ketelswarft ist ein
Nachbau – das Original kam 1953 zum
Wyker Museum. Das Kapitän-Tadsen-
Museum lässt in einem alten Hallig-
haus das Leben um 1741 aufleben
(Ketelswarft). Hautnah lässt sich die
Halligwelt mit der Schutzstation Wat-
tenmeer erfahren – bei Wattwande-
rungen nach Oland, Erkundungen der
Salzwiesen, Vogel- und Nachtexkursio-
nen (Wattenmeerhaus, Peterswarft 2,
www.schutzstation-wattenmeer.de).

**TOURISMUSBÜRO DER HALLIGEN
LANGENESS & OLAND, KETELSWARF 1,
25863 HALLIG LANGENESS,
LANGENESS.DE**

7 | PELLWORM

Neben dem Leuchtturm von 1907 ist
die Alte Kirche mit ihrer Turmruine das
Wahrzeichen von Pellworm. Wie früher wilde Gänse und Enten gefangen
wurden, verrät im Nordosten der Insel
die Vogelkoje (Tel. 04844 677). Das
Inselmuseum informiert über die
Geschichte Pellworms (Utlande-
straße 2), die Arbeit der Fischer, Seeleute, Schiffer und Seenotretter ist
Thema der Ausstellung im Dampfer-
schuppen (Am Alten Hafen).

Wattpostbote Knud Knudsen nimmt
Gäste mit bei seiner Zustellrunde zur
Hallig Süderoog (Tel. 0160 200 14 23).
Ranger der Schutzstation Wattenmeer
begleiten die Tour zur Kante des
Heverstroms, eines der größten Priele
im Wattenmeer (Tel. 04844 760). Drei
markierte Routen (14, 21 und 28 km
lang) erschließen beim Radwandern
die Marscheninseln.

**KUR- UND TOURISMUSSERVICE
PELLWORM, UTHLANDESTRASSE 2,
25849 PELLWORM, WWW.PELLWORM.DE**

8 | NORDSTRAND

Seit der Fertigstellung des Beltringhar-
der Kooges 1987 ist Nordstrand nur
noch von drei Seiten vom Meer umgeben. Sehenswert ist die Kirche St. Vin-
zenz im Hauptort Oldenbüll. Das kleine
Schwimmbad im Kurzentrum sorgt für
Badespaß (Am Kurhaus). Nur zu Fuß,
von April bis Oktober auch per Kut-
sche (www.suedfall.de/kutschfahrten),
kommt man zur Hallig Südfall, wo auf
der Warft das Ehepaar Erichsen als
Nationalparkwärter lebt.

**TOURIST-INFORMATION,
SCHULWEG 4, 25845 NORDSTRAND,
WWW.NORDSTRAND.DE**

Nordfries-land

Flache Marschen, frische Seeluft, Watt, Strände und Meer: Die Weite und das Licht Nordfrieslands inspirierten Theodor Storm zum „Schimmelreiter", Emil Nolde zu Blumen- und Landschaftsbildern unter einem hohen, weiten Himmel. Zentrum des Idylls: Husum.

Links: Unter der Sahnehaube des „Pharisäers" versteckt sich Kaffee mit Schuss.
Oben: In der Wasserreihe lebte Husums berühmtester Sohn, Theodor Storm.

HAUBARGE, WINDRÄDER UND EIN TRIO

Auf weiten Kögen, die am Horizont mit dem Himmel verschmelzen, grasen schwarzbunte Rinder. Hier und da erheben sich wuchtige Haubarge, Großbauernhöfe, die zum Schutz vor Hochwasser auf Warften erbaut wurden. Der Westwind bläst, lässt die Flügel der Windräder rotieren, die zu Hunderten hier stehen. Und der hohe, weite Himmel spannt sich auch über das magische Trio der Nordsee – die Inseln Sylt, Amrum und Föhr.

DER BLÜHENDE IRRTUM

Husum, „die graue Stadt am Meer", ist eine Art „Metropölchen" der Region, deren schönste Attraktionen nur wenige Schritte voneinander entfernt liegen. Im Frühjahr führt der Weg unweigerlich zum Schlossgarten. Fünf Millionen Krokusse leuchten unter den alten Eichen, schmücken den Boden mit einem Teppich aus Lila. Das Naturschauspiel rund um die ehemalige Residenz des Herzogs Adolf von Gottorf verdankt seinen Ursprung einem Irrturm. Die „Grauen Mönche", deren Kloster sich im 15. Jh. unweit des heutigen

Schlosses befand, haben vermutlich die ersten Krokusse gepflanzt – in der Hoffnung, aus den Narben wertvollen Safran zum Färben ihrer liturgischen Gewänder zu gewinnen. Andere Quellen meinen, Herzogin Marie Elisabeth hätte um 1650 Krokusse angesiedelt, um ebenfalls Safran für ihre Zuckerbäckereien zu gewinnen. Beide jedoch hatten mit dem *Crocus napolitanus* die falsche Pflanze gewählt. Safran lässt sich nur aus dem *Crocus sativus* gewinnen.

Die Schönheit des Blütenmeers jedoch signalisiert bis heute: Der Winter ist vorbei. Sogleich werden die Stühle hinausgestellt, ist die Saison eröffnet. Eingehüllt in dicke Mäntel genießen die Husumer den Kaffee der Küste. „Ihr Pharisäer" soll einst auf Nordstrand ein Pastor gerufen haben, der bei einer Taufe zur falschen Tasse griff. Unter der Sahnehaube hatte die Gemeinde einen kräftigen Schuss Rum im Kaffee versteckt ...

GESCHICHTE UND GESCHICHTEN

Husum ist voller Geschichten. Die schönsten hat Theodor Storm erzählt. 1817 in einem Haus am

Blaue Stunde am
Husumer Hafen.

Das Schloss von Husum wurde Ende des 16. Jhs. als Renaissenceresidenz erbaut. Im Frühjahr blühen im Schlosspark Abertausende Krokusse.

Markt geboren, verfasste der Amtsrichter allein in der Wasserreihe 31 innerhalb von 14 Jahren 20 Novellen. Auf Schritt und Tritt ist ihr Erbe in Husum präsent. In der Süderstraße war Pole Poppenspäler daheim, irgendwo hinter den Deichen lebte der Schimmelreiter. Und gab neuem Land seinen Namen. 1200 ha wurden für den Hauke-Haien-Koog dem Meer aberungen. Doch nur 500 ha dienen dem Ackerbau – das Gros der Marschen bildet ein menschenleeres Schutzgebiet für brütende Vögel. Gott schuf das Meer, der Friese die Küste.

Storm würde seine Heimat heute kaum wiedererkennen. Bunt geworden ist sie, die graue Stadt am Meer. „Ganz bunt", verkünden die Husumer Kaufleute auf Plakaten und Stickern. Besonders donnerstags und samstags vibriert die Stadt vor Leben, wenn sich die Obst- und Gemüsestände, Blumenfrauen, Fisch- und Geflügelhändler vor der Marienkirche drängen.

Das Fischermädchen lässt sich vom Rummel nicht stören. Die bronzene Brunnenfigur ist das Wahrzeichen der Stadt, Symbol für die See. Alle sechs Stunden wechseln die Gezeiten, lassen die Kutter im Binnenhafen trockenfallen. Am Kai verkaufen Fischer fangfrische Makrelen und Aale. An der Brücke zum Außenhafen hat ein Fischlokal den schönsten Aussichtsplatz eingenommen. Drinnen sitzen die Schönwetterurlauber, draußen die echten Nordseefans. Helge, Fischverkäufer an der Theke, schiebt bedächtig seine Papiermütze in den Nacken und sagt: „Moin! Krabben?" Ein Nicken genügt. Und Helge schaufelt die Porre in den Plastiksack.

Wat mut, dat mut – und groß schnacken eben nicht. Das lässt Nordfriesen vielleicht auf den ersten Blick etwas mürrisch und unfreundlich wirken. Doch das sind sie nicht. Wer einmal ihr Herz erobert hat, bleibt ihnen nahe. Auch in der Ferne. Denn fortgegangen sind viele, vor allem von den Inseln. Ihre Lebenshaltung drückten sie in einem Wahlspruch aus, der zum Bekenntnis aller Nordfriesen wurde: „Rüm hart, klaar kiming", weites Herz – klarer Horizont.

LANDLEBEN GANZ LAKONISCH

Nur etwa 9000 Nordfriesen sprechen noch ihre alte Sprache. Sie sind dabei echte Sprachgenies – gibt es doch zehn verschiedene Dialekte, für jede Insel einen. Zugereiste staunen. Verlieben sich in

Weite und Einsamkeit versprechen die Strände außerhalb der Saison.

das weite Land, die rauen Menschen. Andere bleiben. So wie die Bestsellerautorin Dörte Hansen, die erst in der Grundschule das Hochdeutsch „als erste Fremdsprache" lernte. Die Husumerin hatte zu Hause nur Platt gesprochen. Später studierte sie Sprachen, promovierte und zog nach Stationen anderswo wieder zurück in ihre nordfriesische Heimat. Zurück aufs Dorf. Der Mikrokosmos inspiriert sie. In ihrem hochgelobten Debütroman „Altes Land" entlarvte sie die Städter, die in dem Obstbaugebiet bei Hamburg „Dorfleben" spielen. Mit ihrem Roman „Mittagsstunde" kehrte sie dorthin zurück, wo sie selbst aufwuchs: ins fiktive „Brinkebüll", ein typisches Geestdorf in Nordfriesland. Dort wieder gelandet ist im Roman auch Ingwer Feddersen, Uni-Archäologe aus Kiel. Heimgekommen, und doch in eine andere Welt versetzt. Das Dorf haben Flurbereinigung und Agrarindustrie ausgelöscht. Doch die Landschaft ist noch immer rau und karg, die Menschen haben ihre Marotten bewahrt. Landleben ohne Idealisierung, aber voller Charme und skurriler Charaktere: ein nordfriesischer Lesegenuss.

NOLDES KLEINOD

Auch Kunstgenuss lockt hoch oben im echten Norden. Nur einen Steinwurf von der dänischen Grenze entfernt, in Seebüll, hat ein waschechter Nordfriese 1927 einen Backstein-Kubus samt Atelierhaus und Bildersaal als Ruheort angelegt. Heute vereint das Museum dort die schönsten Himmels-, Hafen- und Blumenbilder von Emil Nolde. Im Bauerngarten zeichnen die Wege die Initialen von ihm unsd seiner Frau nach: A und E, verschlungen vereint zwischen Zinnien und Rittersporn, Sonnenblumen und Stockrosen.

Einst war die Wiedingharde, das Land rings um Seebüll, ein amphibisches Gebiet mit Inseln und Großwarften. Und bis heute ist hier die Natur präsenter als der Mensch. Windzerzaust trotzen Bäume den kräftigen Böen. Wassergräben durchziehen das Land, nass sind die eingedeichten Flächen. Im Frühjahr und im Herbst lassen sich Hunderttausende Stare zur Rast auf den Marschen nieder. „Schwarze Sonne" nennt man das Naturspektakel, wenn sie den Himmel verdunkeln – ein Fest für Vogelliebhaber.

DAS MAGISCHE TRIO DER NORDSEE

Sylt, Amrum, Föhr – dünengesäumte Strandpara-
diese mit alten Friesendörfern, weitem Watt und
grüner Marsch bilden die „Friesische Karibik".

Wie auf Noldes Nordseebildern spannt sich
der hohe Himmel über das Land. In tausend
Strahlen tanzt die Sonne in Wasserlöchern und
Rinnsalen und lässt das Watt magisch funkeln.
Still ist es. Um neun Uhr früh ist Wattführer
Rainhard Boyens mit seiner kleinen Gruppe von
Dunsum auf Föhr gestartet, den Seedeich hinab
zum Strand gelaufen und eine Stunde lang
stramm marschiert. Jetzt stehen sie vor verwit-
terten Spanten, die 20 cm hoch aus dem Watt
ragen und die Umrisse eines großes Schiffes
nachzeichnen. „Das war mal die ‚City of Bedfort'",
sagt Boyens, „ein Salpeterfrachter aus England.

1825 ist er auf seinem Weg ins dänische Esbjerg
vor Amrum gestrandet, die achtköpfige Besat-
zung ertrunken."

Unzählige Sandbänke machen bis heute die
Seefahrt bei Amrum zum heiklen Unterfangen.
Mehr als 400 Schiffe sind vor der Insel im Laufe
der Jahrhunderte auf Grund gelaufen. Nicht
immer wegen Kapitänsversagens – oft halfen die
Insulaner nach.

Mit falschen Leuchtfeuern lenkten sie die
Schiffe in den weiten Kniepsand. Erst 1875 been-
dete der Bau des mit 63 m höchsten Leuchtturms
der deutschen Nordseeküste das einträgliche
Geschäft der Amrumer. Viele Generationen lang
hatten sie beim „Strandlaufen" angeschwemmte
Fundstücke vor den staatlichen Strandvögten „in
Sicherheit" gebracht.

Mit falschen Leuchtfeuern lenkten die Insulaner
die Schiffe in den weiten Kniepsand – ein einträgliches
Geschäft.

Oben: Unvergessliche Eindrücke beim Ausritt ins Watt. Rechts: Zugang zum Friesenmuseum auf Föhr.

EUROPAS GRÖSSTE SANDKISTE

Doch auch heute sorgt der Kniepsand für gut gefüllte Kassen auf Amrum. Fast 11 km lang und bis zu 1,5 km breit ist Europas größte Sandkiste die Attraktion der Insel. Genährt wird der Strand vom Nachbarn im Norden: Sylt. Während Deutschlands beliebteste Urlaubsinsel alljährlich mit Millionen Euro gegen das stete Schrumpfen im Süden anbaggert, lässt die Nordsee Amrum kostenlos weiter wachsen.

Schon jetzt nimmt der berühmte Inselstrand fast die Hälfte der Fläche ein. Den Rest teilen sich fünf Inseldörfer, Pferdekoppeln und Weizenfelder, Dünenheiden und der mit 200 ha größte Wald einer Nordseeinsel.

Mitten hindurch führt der Radweg nach Norddorf. Dort hat „Mr. Nordsee" die Leinwand aufgebaut: Georg Quedens. Seit 1734 lebt seine Familie auf der Insel. Seit Jahrzehnten unterhält der rüstige Senior mit Inseldönekes und Strandräuberpistolen die Urlauber, die auf Amrum immer noch Badegäste – und nicht Touristen – heißen. Bei seinen Vorträgen erzählt der Sachbuchautor sowie Heimat- und Naturforscher nicht, sondern schnarrt und schnaubt, flüstert und dröhnt, kneift die kleinen Augen zusammen, zwirbelt den weißen Bart und beweist: „Nordsee ist Mordsee", zerstört – und erschafft.

FRIESISCHE ORIGINALE

Quedens ist ein Original, ein echter Charakterkopf. Und solchen Menschen begegnet man auf den Inseln und Halligen öfter als auf dem Festland. Menschen wie dem Wattbriefträger Knud Knudsen, der seit den 1990er-Jahren die Post

Prate jo Frysk

···

Göljn as e hamel di samereen, göljn as dåt eekerfälj, än göljn as dåt häär foon min Anemaleen, wat san we duch rik heer foon gölj.

„Golden im Sommer die Tage gehn, golden im Herbst jedes Feld und golden das Haar meiner Annemaleen, voll Gold und voll Glück unsre Welt." So beginnt das Lied der Friesen. Erforscht und gefördert werden ihre Sprache und Kultur vom Nordfriisk Instituut in Bredstedt. Seit den 1960er-Jahren engagiert es sich für das Nordfriesische – mit nur noch 9000 Sprechern eine der kleinsten Sprachgruppen Europas. Sprachunterricht, Vorträge und Publikationen sollen helfen, das Friesische lebendig zu halten – und damit die Identität des Volkes. (Süderstraße 30, 25821 Bredstedt, Tel. 04671 601 20, www.nordfriiskinstituut.de)

4 | LIST (SYLT)

Wahrzeichen der nördlichsten Gemeinde Deutschlands ist der Hafen mit seinen Buden und Boutiquen, der zur Einkaufspassage verwandelten Tonnenhalle u. v. m. Der Ellenbogen, Sylts Nordspitze, ist wildes Dünenland – perfekt zum Radfahren und Wandern.

Bei Sonnenuntergang leuchtet das 30 m hohe Rote Kliff westlich von Kampen in tiefem Rot: Nordsee-Romantik vom Feinsten! Die Uwe-Düne im Südwesten ist mit 52,5 m der höchste Sylter Hügel.

TOURISMUS-SERVICE KAMPEN, HAUPTSTRASSE 12, 25999 KAMPEN, WWW.KAMPEN.DE

5 | WESTERLAND (SYLT)

In der „Hauptstadt" wohnt die halbe Insel. Was sich in heimischen und tropischen Unterwasserwelten tummelt, verrät das Sylt-Aquarium (Gaadt 33, www.syltaquarium.de). Von der Himmelsleiter, einer rund 100 Stufen hohen Passage über die Dünen, eröffnen sich tolle Ausblicke.

Wenningstedt-Braderup lockt mit Badetrubel an der Westküste und mit Heide und Bauernland am Wattenmeer. Der Denhoog (Thinghügel) ist ein 5000 Jahre altes Ganggrab der Jungsteinzeit (soelring-museen.de)

INSEL SYLT TOURISMUS-SERVICE, STRANDSTRASSE 35, 25980 WESTERLAND, WWW.INSEL-SYLT.DE/WESTERLAND

6 | SYLTER OSTEN

Der Sylter Osten mit den Dörfern Morsum, Archsum und Munckmarsch ist beschauliches Bauernland, in Keitum, früher der Hauptort der Insel, wohnten die Kapitäne, lebte der Insel-Arzt, gab

es die Apotheke. Stattliche Friesenhäuser zeugen vom einstigen Wohlstand.

TOURIST-INFORMATION, GURTSTIG 23, 25980 KEITUM

7 | RANTUM (SYLT)

Der Ort verzaubert mit schmucken Reetdachhäusern und Segelhafen. Das Quellenhaus und die Abfüllanlage der Sylt-Quelle bilden als kunst:raum die Bühne für Lesungen, Konzerte, Filme, Vorträge, Ausstellungen und Theater (www.krsq.de).

TOURIST-INFORMATION, STRANDWEG 7, 25980 RANTUM, WWW.INSEL-SYLT.DE/RANTUM

8 | HÖRNUM (SYLT)

Die einstige St.-Josef-Kirche will heute als Arche Wattenmeer mit Schautafeln und Exponaten Besucher für die fragile Inselnatur sensibilisieren (Rantumer Straße 33). Dünen und Heide prägen die Hörnumer Odde – Wanderland der Extraklasse!

TOURISMUS-SERVICE HÖRNUM, RANTUMER STRASSE 20, 25997 HÖRNUM, HOERNUM.DE

9 | FÖHR

Das malerische Friesendorf Nieblum bietet alte Kapitänshäuser, den Friesendom St. Johannis und das Friesenmuseum (Rebbelstieg 34, www.friesen-museum.de). In Alkersum zeigt das Museum Kunst der Westküste Werke zum Thema Küste und Meer (Hauptstraße 1, www.mkdw.de).

Die Wattwanderung nach Amrum ist ein Klassiker. Radwege und fünf Thementouren führen zu den schönsten Plätzen von Föhr. Das Badezentrum Aquaföhr (www.aquafoehr.de) bietet u. a. Saunen und Wellnessbereich.

TOURIST-INFORMATION WYK, AM FÄHRANLEGER 1, 25938 WYK AUF FÖHR, WWW.FOEHR.DE

10 | AMRUM

Der Leuchtturm (Tanenwai 46A), ist der beste Ausguck der Insel. Ursprünglich und urfriesisch ist Nebel, Amrums schönstes Reetdachdorf. In der Windmühle (Maalenstegalk 12, 25946 Nebel, www.amrumer-windmuehle.com) ist das Heimatmuseum zuhause. Um Flora und Fauna geht es im Naturzentrum Amrum (Strunwai 31, 25946 Norddorf, naturzentrum-amrum.de). Badespaß bietet das Amrum-Badeland (Am Schwimmbad 1, 25946 Wittdün, www.amrum-badeland.de)

AMRUM-TOURISTIK, INSELSTRASSE 14, 25946 WITTDÜN; MEES-KWAI 1A, 25946 NEBEL; UAL SAAREPSWAI 7, 25946 NORDDORF, WWW.AMRUM.DE

Top 5

Nicht verpassen

1 KROKUSBLÜTE
In Husum blühen im Frühjahr rund 5 Mio. Krokusse.
S. 71

2 NOLDE-HAUS
In Seebüll sind die Werke des Malers Emil Nolde zu bewundern.
S. 75, 87

3 KNIEPSAND
Der 11 km lange Strand auf Amrum gilt als Europas größte Sandkiste.
S. 75, 76, 85

4 PAN – KUNSTPROJEKTE
Auf Föhr startet der Aktionskünstler Andreas Petzold immer neue aufregende Projekte.
S. 79

5 SYLT
Die Nordspitze lässt sich auf dem 15 km langen Rad- und Wanderweg erkunden.
S. 83, 87

Räume im Altfriesischen Haus in Keitum, Sylt.

Links: Die Promenade am langen Strand von Wyk. Oben: Reetdach und Leuchtturm – typisch Sylt.

durchs Watt zu den Halligen trägt. Menschen wie dem Sylter Inselpastor Traugott Giesen, der als „Gottes Entertainer" 29 Jahre lang in der St.-Severin-Kirche von Keitum ganz handfest zeigte, was die Bibel heute bedeutet – und was Sylt für die Seele tut. Oder für ein neues, besseres Leben. So, wie der Sylter Kapitän Dirk Meinhertz Hahn. 1838 war er mit seinem Dreimaster „Zebra" und 187 Emigranten an Bord nach Südaustralien gesegelt. Als Dank für die sichere Überfahrt nannten die Auswanderer ihre Siedlung Hahndorf. Meinhertz indes lehnte jegliches Lob ab. Er hatte aus dem Selbstverständnis der Inselfriesen gehandelt. „Rüm hart – klaar kiming" ist bis heute ihr Motto: „weites Herz – klarer Horizont".

Auch Volkmar Nebe verwandelt sich in sein zweites Ich, sobald die Fähre Dagebüll verlassen hat: Janne Mommsen, Inselschriftsteller von Föhr. Ebenfalls auf Föhr lebt Andreas Petzold mit seiner Frau. PAN nennt sich der pensionierte Lehrer aus Wiesbaden, und für ihn ist die Insel ein „PANtasieland", Quelle der Inspiration und Bühne für seine Kunst. Mit 50 kunstbefüllten Polyäthylenflaschen wollte er dort 1991 auf die Vermüllung der Nordsee aufmerksam machen. Das Umweltministerium untersagte die Protestaktion, doch PAN war schlagartig bekannt. Seit-

dem tritt er mit seiner Kunst in Zwiesprache mit den Themen der Zeit. Klimawandel, Wahlmüdigkeit, Mail-Art oder Eat-Art: Die Kunst von PAN sprengt Genres. In seinem rot-gelben Gartenatelier in Nieblum brütet der Künstler immer neue Ideen aus. „Kunst muss irritieren, blenden und verwirren", ist der Aktions- und Konzeptkünstler überzeugt.

NEU-INSULANER

Auch Claudia und Ralph haben ihren Ankerplatz in Nordfriesland gefunden. Dank der Digitalisierung konnten sie der Stadt den Rücken kehren und auf dem platten Land neu durchstarten. Aus ihrer Leidenschaft zum Norden und der Liebe zum Meer entstand MEERArt. Anfangs ein Blog, ist daraus inzwischen eine ganze maritime Lebenswelt erwachsen, mit Bildern und Wohnaccessoires, Liebhaberstücken und Lifestyligem.

Claudia und Ralph sind kein Einzelfall, sondern typisch für einen Trend: Nordfriesland und seine Inseln, die lange nur ansteigende Zahlen für Zweitwohnsitze kannten, erleben dank Internet und Home Office echte Zuwanderung. Junge, gut gebildete Menschen bescheren dem Kreis Nordfriesland, der lange unter Landflucht und Überalterung gelitten hatte, eine Renaissance.

Abendstimmung an der Promenade von Westerland.

Home-Office-Optionen und bessere Work-Life-Balance haben Amrum und Föhr, Pellworm und die Halligen nicht nur in den Fokus von stadtmüden Millennials gerückt. Auch Babyboomer wagen auf den Inseln einen Neuanfang. Und das in einem Kreis, der der sprachenreichste der Republik ist. Fünf Sprachen sind im hohen deutschen Norden Alltag: Hochdeutsch, Plattdeutsch, Dänisch, Südjütisch und Nordfriesisch.

TEURES PFLASTER

Dieser Trend verändert auch Sylt. Und sorgt für noch mehr Druck auf dem Immobilienmarkt. Jetzt sind nicht nur Zweitwohnsitze in bester Lage gefragt, sondern auch Häuser, möglichst abseits von allem Trubel. Einsame Ecken für Kreative, alte Marschhöfe für urbane Aussteiger.

Da bleibt immer weniger Platz für die Einheimischen. 4600 Sylter pendeln täglich vom Festland auf die Insel zur Arbeit. Noch. Doch die Marschenbahn hat Probleme. Die Züge sind überfüllt, im Sommer überhitzt, im Winter eiskalt. Wegen technischer Mängel, Bauarbeiten oder schlichtweg Wind und Wetter fallen immer wieder wichtige Verbindungen aus. Denn es geht noch immer nur auf einem Gleis über den Hindenburgdamm.

120 Züge zwängen sich so nach Sylt, im Schnitt alle fünf bis zehn Minuten eine Bahn. Zwischen Niebüll und Klanxbüll sowie zwischen Keitum und Morson rattern die Züge über Schienen aus der Bauzeit des Damms – 1927. Für 160 Mio. Euro will die Deutsche Bahn jetzt Schienen, Weichen und Signaltechnik instand setzen. Doch das eigentliche Problem bleibt bestehen: Es fehlt ein zweites Gleis. Kein Wunder, dass sich immer mehr Pendler entnervt von der Marschenbahn verabschieden. Immer mehr Sylter wohnen nicht nur auf dem Festland, sondern suchen sich dort auch Arbeit. Die Folge: Sylt fehlen Fachkräfte. Vom Arzt bis zum Krankenpfleger, vom Hotelpersonal bis zum Handwerker.

Sylt, so sehr sie es auch lieben, können sich immer weniger Insulaner leisten. Durchschnittlich 7910 Euro kostet der Quadratmeter auf der Insel. Teurer ist keine deutsche Ferienregion. Rund 150 Makler kümmern sich um die gut betuchte Klientel, für die ein Kfz und der Autozug „Sylt-Shuttle" keine Optionen bei der Anreise sind. Sie fliegen nach Westerland – fürs Wochenende. Und würden alle am liebsten in Kampen wohnen. Gleich vier der teuersten deutschen Wohnstraßen birgt das Reetdachdorf: Osterheide-

Steife Brise, gute Wellen –
ab aufs Board!

Backstein. Reetdach. Dünenlage. Auf Sylt muss man dafür tief in die Tasche greifen.

weg, Heideweg/Heidewinkel, Wiesenweg. Und den Hobokenweg. 35 000 Euro zahlt man pro Quadratmeter in der Sackgasse. Das ist deutscher Rekord, sagen die Makler von Engel & Völkers.

Ein Sylter Kollege hat das teuerste Haus der Welt im Portfolio: das „Waterküken". Nur 30 m² misst das Häuschen, das nicht erweitert werden darf, und thront als friesisches Kleinod mit Backstein und Reet auf einem 2500 m² großen Grundstück. 6,3 Mio. kostet das Idyll. Längst übersteigt der ideelle Wert einer Immobilie den tatsächlichen Preis für Grund, Boden und Gebäude. Julia Scharfe, die bei Sotheby's exklusive Anwesen für gut betuchte Kunden vermarktet, sieht daher die Sylter Häuser als Kunstwerke: als echte Unikate, für die Liebhaberpreise weit über dem sonst üblichen Marktniveau gezahlt werden.

Umso mehr freuen sich die Sylter über die Pläne für das 18 ha große Gelände der einstigen Marineversorgungsschule. Pläne, es nach dem Abzug der Bundeswehr in das Nordsee College Sylt zu verwandeln, waren an den Finanzen gescheitert. Doch jetzt laufen die Abrissarbeiten. Und investiert die DSK-BIG-Gruppe 250 Mio. Euro in den „Dünenpark List". Bereits 2021 sollen die ersten Sylter in die kernsanierten Mannschaftsgebäude einziehen. Für 100 Wohnungen wurde eine Miete von 8,50 Euro je Quadratmeter festgeschrieben. Insgesamt 300 Wohnungen für jedes Portemonnaie und Lebensmodell will der Dünenpark im Mix von Geschosswohnungen, Einzel-, Doppel- und Reihenhäusern sowie barrierefreien Wohnungen in kleineren Mehrfamilienhäusern errichten. Kinderbetreuung und Tagespflege wird künftig das einstige Stabsgebäude bergen. Doch der Dünenpark ist nicht nur das größte Wohnbauprojekt der Insel. Sondern auch Pionier bei nachhaltigen Konzepten, digita-

Der Dünenpark ist das größte Wohnbauprojekt der Insel und Pionier bei nachhaltigen Konzepten, digitaler Vernetzung und emissionsarmer Mobilität.

ler Vernetzung und emissionsarmer Mobilität. Bürgermeister Benck ist zufrieden: „Das ist das Beste, was List passieren konnte." List erhält Land zurück. Und den alten Exerzierplatz als neuen Platz der Generationen, umgeben von neuer Inselarchitektur und nordseefrischer Natur mit Heidekraut und Dünengräsern.

HEIDE UND DÜNEN

Das sind echte Sylter Sehnsuchtslandschaften jenseits der weiten Endlosstrände. Nördlich von Kampen können Sie im Klappholttal vorbei an windzerzausten Krüppelflächen und blühender Heide bis nach List wandern oder radeln. Die Route verläuft im Gleisbett der Inselbahn, die bis 1970 zwischen Hörnum und List verkehrte. Immer höher schwingen sich die Dünen im Inselnorden auf. Besonders imposant ist die Große Wanderdüne, die ungehindert wandern darf. Immer weiter treibt der kräftige Westwind den rund 30 m hohen und 1 km langen Sandberg weiter gen Osten. Wie schnell, verrät ein Besuch im Erlebnismuseum Naturgewalten Sylt.

Um diese Wildnis so ursprünglich wie möglich zu erhalten, darf das Naturschutzgebiet nicht betreten werden. Herrlich unberührt ist die Dünenwelt auch am Lister Ellenbogen, der seit Jahrhunderten im Besitz einer alteingesessenen Lister Familie ist. Wer ihr stürmisches Paradies besuchen will, zahlt Eintritt. Und macht zu Fuß oder per Fahrrad die 15 km lange Runde um Sylts Nordspitze.

Eingefleischte Sylt-Fans wandern liebend gern auch um die Südspitze der Insel. An der Hörnumer Odde erleben Sie hautnah, wie der „Blanke Hans" unerbittlich an der Insel nagt – besonders während der meist recht stürmischen Winter. Mitten in den Dünen versteckt sich schließlich auch Sylts berühmte Sansibar. Solar-Bodenleuchten weisen den Weg, Fackelschein erhellt die Tische, Mondlicht die Dünen ringsum: Herbert Secklers „Hütte in den Dünen" südlich von Rantum ist nicht nur der Kult-Treff auf Sylt, sondern einer der romantischsten Orte der Insel. Bis spät nachts trifft man sich hier, kostet einige der 1400 Tropfen aus dem größten Weinkeller der Insel und stärkt sich bei Kaiserschmarrn oder Kaviar, Seezunge oder Scampis, Steak oder Currywurst. Und genießt, ob gut betucht oder nicht, das einzigartige Inselflair von Sylt.

Lieblingsort

Kniepsand

Eng schmiegt sich der Kniepsand an die Westküste Amrums, seicht fällt er im Wasser ab – mit
10 km^2 Größe ein riesiges Strand- und Badepara-
dies! Tatsächlich ist er immer in Bewegung, eine
wandernde Sandbank, die unendlich langsam gen
Norden wandert. Landeinwärts folgen Dünen, Wald
und Heide, die u. a. von Bohlenwegen erschlossen
sind, auf denen man die einzigartige Natur beden-
kenlos durchwandern kann.

Infos & Empfehlungen

1 | HUSUM

„Die graue Stadt am Meer" von Theodor Storm ist heute ein quicklebendiges „Metropölchen". Das Schloss ist die einzige königliche Residenz der Westküste. (König-Friedrich-V.-Allee, www.museumsverbund-nordfriesland.de).

Das heutige Storm-Museum (Wasserreihe 31–35, www.storm-gesellschaft.de) war ab 1866 Wohnsitz von Theodor Storm und seiner Familie. Weitere Museen sind das Nordfriesland-Museum Nissenhaus (Regionalkultur; Herzog-Adolf-Straße 25, www.museumsverbund-nordfriesland.de), das Schifffahrtsmuseum (Zingel 15, www.schifffahrtsmuseum-nf.de) und das Ostenfelder Bauernhaus (Nordhusumer Straße 13, www.museumsverbund-nordfriesland.de).

TOURISMUS- UND STADTMARKETING HUSUM, GROSSSTRASSE 27, 25813 HUSUM, WWW.HUSUM-TOURISMUS.DE

2 | BREDSTEDT

Vom 43 m hohen Stollberg eröffnen sich schöne Blicke auf das einstige Städtchen. Gute Stube von Bredstedt ist der dreieckige Marktplatz. Nur 50 m vom Bahnhof entfernt stellt das Naturzentrum Mittleres Nordfriesland die Lebensräume der Region vor (Bahnhofstraße 23, www.naturzentrum-nf.de).

Waterclimbing-Anlage und Wildwasserrutsche sind Attraktionen des Erlebnisfreibads (Süderstraße 61, www.facebook.com/bredstedterlebnisbad)

TOURISMUSVEREIN BREDSTEDT UND UMGEBUNG, MARKT 29, 25821 BREDSTEDT, WWW.NORDSEEURLAUB.SH

3 | NIEBÜLL

In Niebüll kam Richard Haizmann (1895–1963), der vor den Nazis hierher flüchtete, als Tierplastiker und Keramiker zu Ruhm. Das Richard-Haizmann-Museum für Moderne Kunst erinnert an ihn (Rathausplatz 2, www.haizmann-museum.de). Wie lebten die Nordfriesen vor der Industrialisierung? Das verrät anschaulich das Friesische Museum (Osterweg 76, friesisches-museum.de).

1927 entwarf Emil Nolde im 14 km entfernten Neukirchen sein Wohnhaus, das als Emil-Nolde-Museum heute sein Andenken wach hält (Seebüll 31, www.nolde-stiftung.de).

TOURIST INFORMATION, BAHNHOFSTRASSE 6, 25899 NIEBÜLL, WWW.NIEBUELL.DE

4 | LIST (SYLT)

Wahrzeichen der nördlichsten Gemeinde Deutschlands ist der Hafen mit seinen Buden und Boutiquen, der zur Einkaufspassage verwandelten Tonnenhalle u. v. m. Der Ellenbogen, Sylts Nordspitze, ist wildes Dünenland – perfekt zum Radfahren und Wandern.

Bei Sonnenuntergang leuchtet das 30 m hohe Rote Kliff westlich von Kampen in tiefem Rot: Nordsee-Romantik vom Feinsten! Die Uwe-Düne im Südwesten ist mit 52,5 m der höchste Sylter Hügel.

TOURISMUS-SERVICE KAMPEN, HAUPT-STRASSE 12, 25999 KAMPEN, WWW. KAMPEN.DE

5 | WESTERLAND (SYLT)

In der „Hauptstadt" wohnt die halbe Insel. Was sich in heimischen und tropischen Unterwasserwelten tummelt, verrät das Sylt-Aquarium (Gaadt 33, www.syltaquarium.de). Von der Himmelsleiter, einer rund 100 Stufen hohen Passage über die Dünen, eröffnen sich tolle Ausblicke.

Wenningstedt-Braderup lockt mit Badetrubel an der Westküste und mit Heide und Bauernland am Wattenmeer. Der Denhoog (Thinghügel) ist ein 5000 Jahre altes Ganggrab der Jungsteinzeit (soelring-museen.de)

INSEL SYLT TOURISMUS-SERVICE, STRANDSTRASSE 35, 25980 WESTER-LAND, WWW.INSEL-SYLT.DE/WESTER LAND

6 | SYLTER OSTEN

Der Sylter Osten mit den Dörfern Morsum, Archsum und Munckmarsch ist beschauliches Bauernland, in Keitum, früher der Hauptort der Insel, wohnten die Kapitäne, lebte der Insel-Arzt, gab

es die Apotheke. Stattliche Friesenhäuser zeugen vom einstigen Wohlstand.

TOURIST-INFORMATION, GURTSTIG 23, 25980 KEITUM

7 | RANTUM (SYLT)

Der Ort verzaubert mit schmucken Reetdachhäusern und Segelhafen. Das Quellenhaus und die Abfüllanlage der Sylt-Quelle bilden als kunst:raum die Bühne für Lesungen, Konzerte, Filme, Vorträge, Ausstellungen und Theater (www.krsq.de).

TOURIST-INFORMATION, STRANDWEG 7, 25980 RANTUM, WWW.INSEL-SYLT.DE/ RANTUM

8 | HÖRNUM (SYLT)

Die einstige St.-Josef-Kirche will heute als Arche Wattenmeer mit Schautafeln und Exponaten Besucher für die fragile Inselnatur sensibilisieren (Rantumer Straße 33). Dünen und Heide prägen die Hörnumer Odde – Wanderland der Extraklasse!

TOURISMUS-SERVICE HÖRNUM, RAN-TUMER STRASSE 20, 25997 HÖRNUM, HOERNUM.DE

9 | FÖHR

Das malerische Friesendorf Nieblum bietet alte Kapitänshäuser, den Friesendom St. Johannis und das Friesenmuseum (Rebbelstieg 34, www.friesen-museum.de). In Alkersum zeigt das Museum Kunst der Westküste Werke zum Thema Küste und Meer (Hauptstraße 1, www.mkdw.de).

Die Wattwanderung nach Amrum ist ein Klassiker. Radwege und fünf Thementouren führen zu den schönsten Plätzen von Föhr. Das Badezentrum Aquaföhr (www.aquafoehr.de) bietet u. a. Saunen und Wellnessbereich.

TOURIST-INFORMATION WYK, AM FÄHR-ANLEGER 1, 25938 WYK AUF FÖHR, WWW.FOEHR.DE

10 | AMRUM

Der Leuchtturm (Tanenwai 46A), ist der beste Ausguck der Insel. Ursprünglich und urfriesisch ist Nebel, Amrums schönstes Reetdachdorf. In der Windmühle (Maalenstegalk 12, 25946 Nebel, www.amrumer-windmuehle. com) ist das Heimatmuseum zuhause. Um Flora und Fauna geht es im Naturzentrum Amrum (Strunwai 31, 25946 Norddorf, naturzentrum-amrum.de). Badespaß bietet das Amrum-Badeland (Am Schwimmbad 1, 25946 Wittdün, www.amrum-badeland.de)

AMRUM-TOURISTIK, INSELSTRASSE 14, 25946 WITTDÜN; MEES-KWAI 1A, 25946 NEBEL; UAL SAAREPSWAI 7, 25946 NORDDORF, WWW.AMRUM.DE

Top 5

Nicht verpassen

1 KROKUSBLÜTE
In Husum blühen im Frühjahr rund 5 Mio. Krokusse.
S. 71

2 NOLDE-HAUS
In Seebüll sind die Werke des Malers Emil Nolde zu bewundern.
S. 75, 87

3 KNIEPSAND
Der 11 km lange Strand auf Amrum gilt als Europas größte Sandkiste.
S. 75, 76, 85

4 PAN – KUNSTPROJEKTE
Auf Föhr startet der Aktionskünstler Andreas Petzold immer neue aufregende Projekte.
S. 79

5 SYLT
Die Nordspitze lässt sich auf dem 15 km langen Rad- und Wanderweg erkunden.
S. 83, 87

Räume im Altfriesischen Haus in Keitum, Sylt.

Die Küste der Künstler

Von Krüss bis Kiesewetter

Ob zerstörerisch oder lieblich, ob Meeres-ungeheuer oder Meduse: Die Nordsee inspirierte Literaten, Musiker und Maler. Walzerkomponist Johann Strauss komponierte beschwingt beim Blick auf die Badenden an der Wyker Strandpromenade seine „Nordsee-Bilder". Ein roter Fels in der Nordsee war es, der einen Dichter zum „Lied der Deutschen" inspirierte. 1841 verfasste Hugo von Hofmannsthal auf Helgoland die deutsche Nationalhymne. Rund 70 Jahre später bestaunte Walter Püttner die Wellenspiele und Spiegelungen am roten Fels der Langen Anna und hielt sie 1910 in Öl auf der Leinwand fest: „Helgoland" wurde ein bekanntes Bild der Münchner Künstlervereinigung „Scholle". Und 1926 wurde dort ein Kinderbuchautor geboren, der große Erfolge feierte: James Krüss.

MUSIKER- UND DICHTERHÄUSER

Das weiß getünchte Brahmshaus in Heide, 1819–1997 im Besitz der Familie, hat die schleswig-holsteinische Brahms-Gesellschaft in eine Gedenk-stätte verwandelt und feiert dort mit den Brahms-Wochen den norddeutschen Komponis-ten. In Wesselburen erinnert das Hebbel-Museum an Leben und Werk des 1813 dort geborenen Dich-ters Christian Friedrich Hebbel. In Nordfriesland ist Theodor Storm („Schimmelreiter") allgegen-wärtig. Der nahe Husum geborene Knut Kiesewet-ter prägte mit seinen oft politisch inspirierten Liedern eine ganze Generation. Deutsch-Rock-Gruppen wie Novalis, Cravinkel, Frumpy und Blonker, aber auch Föhrer Bands brachten ab den 1970er-Jahren in Boldixum das „Erdbeerpara-dies" zum Beben. Abi Wallenstein und Otto Waalkes sorgten für Stimmung im Saal. 2016 musste die Föhrer Legende schließen. Doch noch immer ist Föhr musikalisch in den Charts präsent: die weltweit erfolgreiche Pop-Rock-Band Stanfour hat ihre Wurzeln auf Föhr.

MALER AM MEER

Schaufenster der bildenden Künstler ist seit 2009 das Museum der Westküste in Alkersum auf Föhr. Seine Sammlung umfasst rund 850 Werke, die in der Zeit von 1830 bis 1930 in der künstlerischen Auseinandersetzung mit „Meer und Küste" entstanden sind. Maler wie Edvard Munch, Piet Mondrian, Max Liebermann, Peder Severin Krøyer und Emil Nolde sind dort ebenso vertreten wie zeitgenössische Arbeiten von Jochen Hein, Mila Teshaieva, Thomas Wrede und Anja Jensen.

Linke Seite: Blick in einen Wohnraum in Emil Noldes Sommerhaus. Ganz oben: Das Museum Kunst der Westküste auf Föhr zeigt vorwiegend Werke von Künstlern aus den Nordseeanrainerstaaten. Oben: Im Nolde Museum Seebüll.

Von Flensburg bis Eckernförde

Im Norden des Landes sind viele dänische Einflüsse spürbar. Hier wie dort prägen die Küsten und das Meer die Szenerie – dabei ist die Ostsee in der Regel deutlich ruhiger und auch wärmer als die Nordsee im Westen.

Oben: Von den einst mehr als 200 Rumhäusern sind nur wenige übrig geblieben. Rechts: Das „Flens"
an der Fördepromenade stammt aus der nördlichsten Brauerei des Landes.

GRENZENLOSE HOCHGEFÜHLE
IM HOHEN NORDEN

Jahrhundertelang rutschte die Grenze zwischen
Dänemark und Deutschland mal rauf, mal runter.
Das bescherte Flensburg ein urdänisches „hyggeliges" Flair. Seine Förde lockt mit grenzenlosem
Urlaubsspaß zu Wasser und an Land. Etwas weiter
südlich schlängelt sich mit der Schlei der längste
und schmalste Meeresarm der Ostsee 42 km weit
ins Land. Mit den Halbinseln Schwansen und
Angeln erschließt sie eine Region mit dörflichen
Idyllen, naturnahen Landschaften – und natürlich Ostseebädern, -stränden und -städten.

FLENSBURGER FÖRDE

Das flenst – mit diesem Spruch machte die größte
Brauerei in Schleswig-Holstein den Gerstensaft
von der Flensburger Förde zu einer der beliebtesten Biermarken der Republik. Während der Bier-
konsum bundesweit sinkt, steigen beim „Flens"
aus der Brauerei Emil Petersen die Umsätze. Rund
50 Millionen Liter füllt die nördlichste Privatbrauerei des Landes jährlich in bauchige Fla-

schen – seit mehr als 125 Jahren. Die „Wer-
ner"-Comics von Rötger Feldmann (alias „Brösel")
machten den „Bölkstoff" aus Flensburg bekannt.
Flens wurde Kult, das markante Ploppen des
Bügelverschlusses zum Markenzeichen – und zum
Unterscheidungsmerkmal von der tonlosen
Kronkorkenkonkurrenz.

RUHM MIT RUM

Hundert Jahre vor dem Bier-Boom seiner Braue-
reien war Flensburg für eine andere Spirituose
weltberühmt: Rum. Damals hieß Flensburg noch
Flensborg und war die Zuckerkapitale im dänischen Königreich. 295 Schoner zählte die Han-
delsflotte der Stadt, die sich ab 1795 am Tabak-,
Rum- und Zuckerhandel mit Dänisch-Westindien
beteiligte und Zuckerrohr aus der Karibik an die
Förde holte, wo es zu Zucker raffiniert wurde.
Ebenfalls an Bord der Schiffe war ein auf den
Jungferninseln gebrannter Rohrum mit einem
Alkoholgehalt von 70 bis 80 Prozent. Diesen fast
ungenießbaren „pure rum" veredelten mehr als
200 Rumhäuser zu einer Spezialität, die in Holz-

fässern lagernd die vollendete Färbung und Reife erhielt: Flensburger Rum. In den 1960er-Jahren füllten traditionsreiche Rumdynastien wie Schierning (Pott), Dethleffsen (Balle), Grün (Hansen) und viele weitere Rumhäuser jedes Jahr noch 40 Millionen Flaschen ab. Heute gibt es noch zwei Betriebe: das Rumhaus Johannsen, das in der Marienstraße bei Führungen das Geheimnis des Flensburger Rumverschnitts lüftet, und die kleine Hofmanufaktur des Wein- und Rumhauses Braasch. Wie der Rum Stadtgeschichte schrieb, verraten das einzige Rummuseum Deutschlands und ein Spaziergang auf der Rum- und Zucker- meile, die an 20 Stationen quer durch die Alt- stadt die Handelswege der letzten 250 Jahre dokumentiert. Das Gold der Karibik winkt auch

als Siegerprämie der Rumregatta, bei der seit 1980 jährlich am Wochenende nach Himmelfahrt alte Arbeitsschiffe auf der Förde aussegeln. Doch wer zu schnell die Ziellinie passiert, geht leer aus: Die Dreiliterflasche Rum gibt es nur für den Zweitplatzierten, alle anderen erhalten Schrott- preise.

DÄNISCHES FLENSBURG

400 Jahre lang gehörte Flensborg zu Dänemark. Erst 1867 wurde die Stadt per „Besitzergreifungs- patent" nach einem blutigen Krieg (1864) preu- ßisch, 1871 ins Deutsche Reich integriert. 1920 einigte man sich per Volksabstimmung auf den Grenzverlauf – heute liegt er 5 km nördlich der Stadt. Auf dem Papier. Im Alltag lebt die Grenz-

Flensburg hat ein ein urdänisches „hyggeliges" Flair.
Seine Förde lockt mit grenzenlosem Urlaubsspaß zu
Wasser und an Land.

Oben: Die Rote Straße mit dem Turm der Nikolaikirche. Rechts: Der Flensburger Hafen.

stadt das vereinte Europa: 20 Prozent der Flensburger sind Dänen, besuchen Flensburgs dänische Schulen und lesen den Flensborg Avis, Deutschlands einzige dänische Tageszeitung. Auf dem alten Weg der Zöllner verläuft heute eine Themenroute, die dreizehn Mal die deutsch-dänische Grenze kreuzt. Mit dem Südschleswiger Wählerverband, für den keine Fünfprozenthürde gilt, hat die dänische Minderheit ein starkes politisches Sprachrohr, mit der Sydslesvigsk Forening einen Kulturträger, der alljährlich das große Jahrestreffen der südschleswigschen Dänen organisiert: die Arsmøde, für die Anfang Juni die alte Tracht angelegt wird. Auch dänische Lokale gibt es mittlerweile.

AUFBRUCH AM OSTUFER
Am Westufer der Förde hat das alte Flensburg die Weltkriege nahezu unbeschadet überlebt, am Ostufer verwandeln sich seit einigen Jahren Industriehafen und Ballastkai in ein Wohngebiet für Gutbetuchte – mit Werftkontorhäusern, dem Restaurant Fischperle und dem „Klarschiff". Nach Bürgerprotesten haben die Planer ihre Vision korrigiert, und langsamer als anfänglich anvisiert

wird nun auch das Ostufer schick. Fertig ist bereits eine Uferpromenade, die als Teil des Ostsee-Radwanderwegs bis nach Fahrensodde oder Glücksburg verlängert werden soll. Schon jetzt gehört der Weg zu den beliebtesten Spazierstrecken in Flensburg. Auf der Förde setzen bunte Segel Farbtupfer – nur 18 Tage im Jahr herrscht, statistisch gesehen, Flaute. Wenn dann genau das Nord Stream Race vor der Marina Sonwik steigt, sind die Segler zwar frustriert, die „Sehleute" aber dennoch in Partylaune – sie feiern zu Livemusik und Feuerwerk. Wer es sich leisten kann, hat gleich am Liegeplatz sein Domizil: ein Wasserhäuschen mit 360-Grad-Blick auf die Förde.

KULTUR- UND NATUR
Strahlend weiß ist das Wasserschloss von Glücksburg, in dem einst die Herzöge von Glücksburg residierten, später die dänische Krone, und verwandtschaftliche Bande mit allen Herrscherhäusern Europas geknüpft wurden. Der heutige Schlossherr, Christoph Prinz zu Schleswig-Holstein, lebt allerdings mit seiner Frau, Prinzessin Elisabeth aus dem Hause Lippe-Weissenfeld und den vier Kindern auf Gut Grünholz auf Schwan-

„Gott gebe Glück mit Frieden":
So lautet das Motto im Portal
des Wasserschlosses Glücksburg.

Auf der Halbinsel Holnis ist Dänemark zum Greifen nah. Die Salzwiesen hier sind ein Vogelparadies.

sen. Sein Handeln bestimmt ein Wahlspruch, den fast 500 Jahre vor ihm sein Vorfahre Herzog Johann der Jüngere beim Bau des Schlosses ins Eingangsportal meißeln ließ: „Gott gebe Glück mit Frieden". Die Residenz ist seit 1923 als Museum eingerichtet und zeigt niederländische Tapisserien und flandrische Ledertapeten. Zudem werden Hochzeiten, Kindergeburtstage, Modenschauen, Konzerte und viele andere Events hinter den historischen Mauern veranstaltet, um das auch als Film-Location beliebte Schloss, das die Familie des Prinzen bereits im Jahr 1992 in eine Stiftung einbrachte, als glanzvolles, lebendiges Kulturerbe zu erhalten.

Zu Glücksburg gehört auch die Halbinsel Holnis. Sie ragt 6 km weit in die Ostsee, die sich hier schon dänische Südsee nennt – so nah ist das Inselreich der Dänen, das zwischen Flensburg und Fünen fast karibisch wirkt. Das kleine Naturidyll Holnis prägen Wiesen und Felder, Wälder, Salzwiesen und Steilküste. 130 Vogelarten wurden hier beobachtet – Austernfischer, Kiebitze, Kormorane und Uferschwalben, die in den Steilwänden der Küste nisten. Die Vorboten des Klima-

wandels indes treiben den Umweltschützern Sorgenfalten auf die Stirn. Steigender Meeresspiegel, stärkere Stürme, Wasserstände von bis zu 3,5 m über Normalnull an der Ostsee – da würde von Holnis bald nicht mehr viel übrig bleiben. Vehement fordert man daher, die Glücksburger Deiche aufzustocken. Während die Landesregierung den Schutz der Westküste mit Millionen unterstützt, gab es für den Schausender Deich in den vergangenen Jahren aus Kiel jährlich nur rund 1000 Euro als Zuschuss für Ausbesserungen. Die letzte Grundüberholung der nur 2,4 m hohen Flutbarriere liegt 40 Jahre zurück. Grasnarben und Asphaltweg sind Flickwerk. 468 Menschen leben auf Holnis. Sie fordern besseren Schutz vor den Folgen des Klimawandels. Für sich, ihre Gäste und die Natur.

SCHLESWIG, ECKERNFÖRDE, SCHLEI

Die Kulisse ist vertraut: eine sanft geschwungene Landschaft, Hügel an Hügel, auf Wiesen weiden Schwarzbunte oder das rote Angler Rind, Häuser mit rotem Klinker und Reetdach ducken sich unter dem dichten Blätterdach von Kastanien

Fördelandschaft an einem sonnigen Tag mit (Falshöfter) Leuchtturm.

und Linden: Willkommen am Set des Landarztes! 26 Jahre lang, von 1987 bis 2013, begeisterte die Vorabendserie im ZDF Millionen Zuschauer und machte Kappeln und sein Umland (als „Deekelsen") bundesweit berühmt. Der alte Fischerort erlebte einen Besucher-Boom, Landarztfans pilgerten in Scharen zu den Drehorten, knipsten die spätbarocke Kirche St. Nikolai, marschierten in der Fußgängerzone zu Asmussens Kneipe im Hotel Aurora und vorbei an schmucken Häusern, deren Baustil und Farbe das dänische Erbe bezeugen. Ihren Namen Angeln erhielt die abgeschiedene Region jedoch nicht von den Dänen, sondern von einem anderen (nordgermanischen) Volk: eben den Angeln. Warum sie hier im Jahr 450 alles stehen und liegen ließen, ist bis heute so rätselhaft wie die vielen Legenden, die den Aufbruch zu erklären versuchen. Erst zu Fuß, dann

mit geklinkerten Booten, machten sie sich gen Westen auf, bis sie eine Insel erreichten, die seitdem ihren Namen trägt: England, das Land der Angeln. 774 ernannte sich ihr legendärer König Offa dort zum ersten englischen Monarchen. Bereits 550 war die historische Region Angeln zwischen Förde und Schlei fast menschenleer. Erst Jahrzehnte später siedelten sich Dänen und Jüten auf der Halbinsel an, errichteten Höfe, gründeten Dörfer und Siedlungen.

Am inneren Ende des Ostseearms Schlei legten friesische Kaufleute im 8. Jh. eine Siedlung an, die kurz darauf der dänische König höchstpersönlich übernahm und zu einem der wichtigsten Handelsplätze der Wikinger ausbauen ließ: Haithabu. Zur Blütezeit im 10. Jh. lebten mehr als 1000 Menschen in der Stadt an der Kreuzung der wichtigsten Fernhandelsrouten, die ein halbkreis-

Fast 300 Jahre lang sorgte der Warenumschlag zwischen Ost- und Nordsee in Haithabu für Wohlstand. Doch 1066 endete die Geschichte Haithabus mit einer Katastrophe.

Der Holländerhof in Wagersrott, im ZDF Wohnort des „Landarztes".

förmiger Wall schützte. Als Bollwerk aus 30 Erd-wällen setzte das Danewerk die Verteidigungslinie nach Westen fort. Selbst Kaufleute aus Arabien kamen damals hierher.

SCHLESWIGS GROSSE ZEIT

Durch die Schlei war Haithabu mit der Ostsee verbunden, durch Treene, Eider und nur 18 km Landweg mit der Nordsee. Fast 300 Jahre lang sorgte der Warenumschlag zwischen Ost- und Nordsee in Haithabu für Wohlstand. Doch in dem Jahr, als ein anderer Nordmann – Wilhelm – 1066 England eroberte, endete die Geschichte Haithabus mit einer Katastrophe: Die Slawen brannten den Handelsplatz der Wikinger nieder. Haithabu wurde aufgegeben – nur 3 km entfernt begann damit die große Zeit Schleswigs. Die dortige Burg, im 12. Jh. auf einer Insel in der Schlei errichtet, wurde vom Mittelalter bis ins 18. Jh. Hauptsitz der Herzöge von Schleswig und Schleswig-Holstein-Gottorf. Sie machten Schleswig zur Kulturkapitale Nordeuropas. Ihre Residenz, Schloss Gottorf, bildet heute den größten Museumskomplex des Bundeslands.

BLAUBLÜTIGE BAUERN

Auch auf der Halbinsel Schwansen zwischen Schleswig und Eckernförde betrieben Dutzende Adelige im großen Stil Landwirtschaft und schmückten ihre Güter mit herrlichen Herren- und Torhäusern. 1200 ha beackert Prinz Christoph zu Schleswig-Holstein heute auf Gut Grünholz, 4000 ha gehörten einst zum Gut Ludwigsburg, das mit der „Bunten Kammer" ein Kleinod der Kunst birgt: 145 Miniaturgemälde auf einer Vertäfelung aus Eichenholz, jedes Motiv mit eigenem Motto. Während die adeligen Gutsherren einen geradezu höfischen Lebensstil genossen und Literaten wie Herder zu Gast hatten, war das Leben für die Landbevölkerung als Leibeigene hart. Schon mit sechs Jahren begann ihr Arbeitseinsatz auf dem Gut – alt wurde kaum jemand. Heute hat ein Hightech-Maschinenpark die menschliche Arbeitskraft auf den Gütern in vielen Bereichen fast völlig ersetzt. Wo einst mehr als 100 Menschen lebten und arbeiteten, wohnt heute nur noch eine Familie. Nutzlos geworden sind dadurch auch viele Gebäude der Güter. Doch den Abriss verbietet der Denkmalschutz.

Oben: Blick auf den Jachthafen Damp. Rechts: Bunte Fachwerkherrlichkeiten in Eckernförde.

So setzen heute viele Güter nicht nur auf die Landwirtschaft, sondern auf Diversifikation. Davon profitiert auch der Tourismus: Hofläden und Hoffeste haben Hochkonjunktur, Hochzeiten im herrschaftlichen Ambiente sind en vogue, Weihnachtsmärkte und Musikfeste vor historischer Kulisse erfreuen sich ganz besonderer Beliebtheit.

URLAUBSZIEL GESUNDHEIT

„Alt werden ist nichts für Schwächlinge", soll die Schauspielerin Bette Davis einmal gesagt haben. Darauf setzt Damp – das Ostseebad gehört zu den Pionieren im Gesundheitstourismus. Als der Ferienpark an der Ostsee im Jahr 1973 eröffnet wurde, bevölkerten vor allem Familien, Kegelclubs und Jugendgruppen die Bettenburgen von „Damp 2000". 1997/1998 entschied sich die Damp Holding AG als Betreiber gemeinsam mit der Kommune und dem Land Schleswig-Holstein für eine Neuorientierung und ein Facelifting der Ferienanlage. Als Macher für das ambitionierte Wertverbesserungsprogramm holte man einen Manager aus dem Ostseebadeort Timmendorf: Frank Behrens. Auf der Damper Promenade wich nun der Waschbeton regionstypischem Backstein.

„GANZ ICH" LAUTET DIE DEVISE

Für die 296 Zimmer im 13-stöckigen Ostseehotel gab es neue Bäder und bessere Betten; für alle Gäste ein sportliches Angebot, das so umfangreich ist, dass es schon einige Kondition erfordert, dabei die Übersicht zu behalten. „Ganz Ich" heißt heute die Devise in Damp, Urlaub mit „Mir gehts gut"-Gefühl. Am Anfang reagierten die Gäste auf den Imagewechsel irritiert, doch inzwischen wurde das Konzept zum Vorbild: Die Umsätze steigen, immer mehr Urlauber wollen sich in Damp auf eine gesunde Art und Weise erholen. Und längst kommen nicht mehr nur „Silver Ager" oder „Best Ager" her, sondern auch jüngere Gäste – Paare in gesundheitsbewussten Flitterwochen und Singles, ausgebrannt von Beruf oder Beziehung. In Damp tanken sie wieder auf, deshalb wird dort auch kräftig weiter investiert. Im Herbst 2013 öffneten die ersten komplett sanierten Ferienvillen wieder für Gäste. Seit 2014 bietet ein Entdeckerbad nordischen Badespaß mit Wikingerflair. Eine neues Restaurant schmückt die Promenade, Kinderparadies und Disko sind Freizeitangebot für Jüngere. Denn so ganz vergraulen möchte Damp seine Familiengäste nicht – ist doch der Nachwuchs von heute der „Best Ager" von morgen.

Geltinger Birk

An der Landspitze von Angeln liegt das Naturschutzgebiet „Geltinger Birk" mit Dünen, Stränden,
Salz- und Seegraswiesen, verlandeten Sümpfen –
einfach ein Juwel! Die fleißigsten Landschaftspfle-
ger hier sind übrigens zottelige Hochlandrinder und
scheue Wildpferde. Zeichen der Zivilisation? Zum
Beispiel der Leuchtturm und die Windmühle.

Infos & Empfehlungen

1 | FLENSBURG

Wahrzeichen der Stadt ist das Nordertor. Ab hier erstreckt sich die verkehrsberuhigte Altstadt bis zum Südermarkt. Highlights sind u.a. die Norderstraße mit einen Handelshof aus dem 18. Jh., das Flensborghus und der Oluf-Samson-Gang sowie der malerische Lagerhaushof & Künstlerhof. Nach der Marienkirche (1248) folgen der Nordermarkt mit dem Neptunbrunnen und die gotische Heiliggeistkirche.

Den Südermarkt prägt die größte Flensburger Kirche, St. Nikolai. Die Rote Straße ist für ihre Galerien, Weinlokale und Cafés berühmt, St. Johannis (1128) markiert die Keimzelle der Stadt.

Auf dem Museumsberg (Museumsberg 1, www.museumsberg-flensburg. de) wird die Kultur- und Kunstgeschichte Schleswigs präsentiert. Die Seefahrtsgeschichte wird im Schifffahrtsmuseum lebendig, wo auch der Kapitänsweg beginnt (Schiffbrücke 39, www.schiffahrtsmuseum.flensburg. de).

Der Museumshafen samt Werft informiert über die traditionellen Schiffstypen. Entlang der Förde verlaufen 200 km markierte Radrouten. Für Wanderer gibt es den 74 km langen Gendarmenpfad von Padborg bis Höruphaff (www.gendarmsti.dk/de).

Auf dem ehemaligen Truppenübungsplatz von Harrislee lockt heute der Naturerlebnisraum Stiftungsland Schäferhaus (www.stiftungsland.de).

FLENSBURG FJORD TOURISMUS GMBH, ROTE STRASSE 15–17, 24937 FLENSBURG, WWW.FLENSBURG-TOURISMUS.DE

2 | GLÜCKSBURG

Johann der Jüngere errichtete in Glücksburg nach der Reformation ein strahlend weißes Wasserschloss: Schloss Glücksburg, heute eine der schönsten Spielstätten des Schleswig-Holstein Musik Festivals (www.schloss-gluecksburg.de).

Die Fördeland Therme bietet Badespaß und Wellness für die ganze Familie (Sandwigstr. 1A, www.foerdeland therme.de).

Nördlich von Glücksburg ist die Halbinsel Holnis Rast- und Brutstätte für See- und Zugvögel. Vorsicht bei Wanderungen an der Steilküste: Abbruchgefahr!

TOURISTSERVICECENTER, SCHLOSSHOTEL GLÜCKSBURG, 24960 GLÜCKSBURG, WWW.GLUECKSBURG.DE.

Links: Genießen an der frischen Luft.
Oben: Hochprozentiges als Souvenir?

3 | LANGBALLIG, UNEWATT

Ein ganzes Dorf als Museum: In Unewatt ist das Landschaftsmuseum Angeln an fünf Stellen im Ort integriert. Es gibt u. a. den Marxenhof, die Buttermühle und eine kleine Lohnräucherei.

Nicht verpassen **Top 5**

1 FLENSBURGER FÖRDE
Ein Eldorado für Wassersportler, Radfahrer und Wanderer.
S. 92, 93

2 RUMHAUS JOHANNSEN
Eintauchen in die faszinierende Welt des Flensburger Rums – mit allen Sinnen.
S. 92, 93

3 SCHLOSS GLÜCKSBURG
Das prächtige historische Wasserschloss auf einer Insel im See bietet hochkarätige Events.
S. 94, 97, 104

4 HALBINSEL HOLNIS
Wunderbares Naturidyll mit Salzwiesen, Steilküste und 130 Vogelarten.
S. 97, 103

5 WIKINGER-MUSEUM HAITHABU
Sieben Wikingerhäuser und eine Landebrücke laden zu einer Zeitreise ein.
S. 98, 99, 105

Der Rundweg endet an der Christesen-Scheune. In der Drempelscheune sind landwirtschaftliche Maschinen und Geräte ausgestellt (Unewatter Str. 1a, www.museum-unewatt.de)
TOURISTINFORMATION LANGBALLIG, SÜDERENDE 1 24977 LANGBALLIG, WWW.LANGBALLIG-TOURISMUS.DE

4 | KAPPELN

Der Fischfang dominiert bis heute in der Heringsstadt – daran erinnert der Ellenberger Heringszaun (15. Jh). Bei Friedrich Föh hängen Aal, Hering und Co. im Buchenholzrauch (Dehnthof 26–28, 24376 Kappeln, www.foeh.de). Sehenswert sind zudem die spätbarocke St.-Nicolai-Kirche und die Holländerwindmühle Amanda (1888).

Im Museumshafen sind elf Veteranen vertäut (www.museumshafen-kappeln.de).
TOURISTINFORMATION, SCHLESWIGER STR. 1, 24376 KAPPELN, WWW.KAPPELN-TOURISTIK.DE

5 | ECKERNFÖRDE

Die Kleinstadt ist die Heimat der Kieler Sprotte. Highlights sind der 4 km lange Südstrand, die Strandpromenade, der lebendige Hafen und die Altstadt mit Altem Rathaus, Rathausmarkt (mit dem Museum Eckernförde, www.museum-eckernfoerde.de) und der gotischen Hallenkirche St. Nicolai (1210/1530). Eine weiße Klappholzbrücke trennt seit 1872 Innen- und Außenhafen. Die schönste Aussicht auf den Hafen mit beiden Leuchttürmen bietet der Petersberg in Borby.

OSTSEEBAD ECKERNFÖRDE TOURISMUSINFORMATION, AM EXER 1, 24340 ECKERNFÖRDE, WWW.OSTSEEBAD-ECKERNFÖRDE.DE

6 | SCHLESWIG

Nordeuropas älteste Stadt bietet den St.-Petri-Dom mit Aussichtsplattform, der auf der „Europäischen Route der Backsteingotik" liegt. Zur Skyline gehört auch der 90 m hohe Wikingturm. Das ehemalige Franziskanerkloster ist heute Teil des Rathauses. Sehenswert sind weiterhin das Königsteinsche Palais (15. Jh.) und der Plessenhof. Die Königswiesen säumen als Stadtpark mit Badestelle die Schlei. Auf einer Insel erhebt sich das prächtige Schloss Gottorf mit seinem Fürstengarten und dem Landesmuseum für Kunst und Kulturgeschichte.

Publikumsmagnete im Archäologischen Landesmuseum sind das germanische Ruderschiff Nydamboot und die Moorleichen (Schlossinsel 1, schloss-gottorf.de). Kostenlos zugänglich ist das mit Exoten bepflanzte „Neuwerk". Im Palais Günderothscher Hof liegt das Stadtmuseum (Friedrichstr. 9, www.stadtmuseum-schleswig.de).

Auf den Spuren der Nordmänner wandelt man südlich von Schleswig im Wikingermuseum Haithabu (Am Haddebyer Noor 5, 24866 Busdorf, https://haithabu.de).
TOURISTINFORMATION, PLESSENSTR. 7, 24837 SCHLESWIG, WWW.OSTSEEFJORD SCHLEI.DE

Ostseeküche

Von Schnüsch und Klüten

Die lange Ostseeküste, die vielen Flüsse und Hunderte Seen machen die Region zum siebten Himmel für Fischliebhaber. Hier findet man u.a. frische Schollen, fettarme Schleie, gewaltige Spiegelkarpfen, zarte Zander, vergoldete Aale, kapitale Hechte und reichlich Dorsch auf den Speisekarten. Nur in der Kieler Bucht wird die Kieler Sprotte gefangen. Verspeist wird der Fisch traditionell „mit Kopp un Steert": Kopf in den Nacken, den ganzen Fisch komplett mit Kopf und Gräte in den Mund! Im Hinterland hängen aber auch saftige Hinterviertel vom Schwein im Buchenrauch, monatelang. Dann offenbart der zarte Holsteiner Schinken sein delikates Inneres: mild, zart, deftig und doch weich.

Ein typisches Sommergericht an der Ostseeküste ist Schnüsch, bei dem frisches Gemüse, in Milch gekocht, auf Kartoffeln mit Petersilie hockt: gesund, leicht und lecker. Beliebt als erfrischende Mahlzeit an heißen Tagen ist auch Butter-

milchsuppe, in die Schwarzbrot gebröckelt wird. Andere lieben ihre Boddermelksupp mit Rosinen, Dörrpflaumen oder kleinen Mehlklößchen, auch „Klüten" genannt.

BROKEN SÖÖT, SWARTSUER ...
Zu den Besonderheiten der norddeutschen Küche gehört die Kombination von süß und deftig (broken sööt) – oft sorgen Backpflaumen oder Rosinen für diese „gebrochene Süße". Fruchtig-deftig zeigt sich der Spätsommer bei Birnen, Bohnen und Speck. Zum Bratfisch werden Bratkartoffeln, aber auch Fruchtsoßen oder Kompott gereicht, und beim Grünkohl nach dänischer Tradition werden die Bratkartoffeln mit Zucker karamellisiert.

Allerlei Wild kommt ab Mitte Oktober auf den Tisch: Nun gibts Geschnetzeltes vom Rehbock, Wildschweinrücken mit kandierten Feigen, Hase mit Steinpilzen oder geschmorte Hirschschulter mit frischen Pfifferlingen und Spitzkohl. Wird geschlachtet, kommt traditionell „Swartsuer" auf den Tisch, eine schwarze Suppe aus Schweineblut. Zum ersten Frost gehören deftiger Grünkohl mit süßen Kartoffeln – und der Meelbüdel. Ähnlich wie ein britischer „pudding" wird der Mehlbeutel, ein Teigkloß mit Rosinen und Kardamom, eingeschlagen im Leinentuch im Topf gekocht – ebenfalls begleitet von „broken sööt".

Linke Seite und ganz oben: Fisch im Räucherofen in der Aalräucherei Friedrich Föh in Kappeln – und ebendort im Brötchen.

Oben: Holsteiner Katenschinken in der Schinkenräucherei Braasch (Harmsdorf): höchste Qualität nach alten Rezepten – aus Erfahrung gut!

Von Kiel bis Heiligenhafen

In Kiel dreht sich alles um große und kleine Pötte – riesige Fähren und elegante Jachten. Abseits der Großstadt lockt maritimer Ferientrubel, bei Abstechern in die idyllische Holsteinische Schweiz gehts gemächlicher zu.

Links: Ernst Barlachs „Geistkämpfer" vor der Nikolaikirche in Kiel. Oben: Windjammer in der Hohwachter Bucht.

AUFBRUCH AN DER WATERKANT

Sailing City Kiel: Auf der Förde der Landeshauptstadt Schleswig-Holsteins schippern riesige Fähren gen Skandinavien, messen sich Segel-Cracks aus aller Welt bei der Kieler Woche. Jenseits der Stadtgrenzen locken rund um die Förde natürlich die Strände – allen voran die beiden traditionellen Ostseebäder Weissenhäuser Strand und Hohwacht, aber auch Naturparks mit Mooren und Seen.

Um die Landeshauptstadt selbst attraktiver zu gestalten, wurde im „Integrierten Stadtentwicklungskonzept" klar formuliert: Kiel soll eine soziale, kinderfreundliche, kreative und innovative Klimaschutzstadt sein. Das macht sich im Stadtbild deutlich bemerkbar, überall wird gebaut und gebaggert, um die gealterte Innenstadt aufzuwerten und stärker an die Förde anzubinden. Am schönsten wird eine maritime Oase sein, die sich die selbst ernannte Sailing City Kiel derzeit schenkt: der Kleine Kiel-Kanal, eine neue, 200 m lange Wasserverbindung zwischen dem Kleinen Kiel und dem Bootshafen – mit Treppen zum Sitzen für „Sehleute", die die ersten Segelversuche vom Nachwuchs im Opti verfolgen, während Fähren auf der Förde vorbeiziehen.

INNENSTADT AM WASSER

Die Kieler Innenstadt erstreckt sich am Westufer der Förde. Dort befindet sich auch das Schaufenster in die (Unter-)Wasserwelten von Nord- und Ostsee, das Aquarium Geomar, oder auch die imposante Fischhalle von 1910 am Hafen, in der heute das Stadt- und Schifffahrtsmuseum Kiels residiert. Ans Ostufer verirrte sich dagegen jahrzehntelang kaum ein Passant und erst recht kein Tourist. Dort lagen die Werften, brummte der Hafen, arbeiteten Industriebetriebe. Nun hat auch dieses Gebiet ein globaler Trend erfasst, der seit den 1980er-Jahren graue Schmuddelviertel in boomende urbane Uferfronten verwandelt, Hamburg die HafenCity bescherte und Kiel die Kai-City: Hier wie andernorts revitalisierte man ehemalige Hafen- und Industrieflächen für Gewerbe, Arbeit und Freizeit.

Für maritimes Flair im neuen Viertel sorgen ein Museumshafen, in dem alte Schiffe instand gesetzt werden, und sanierte Hafengebäude wie die Halle 400, die die Howaldtswerke-Deutsche Werft (HDW) 1838/1839 errichtete. Umgebaut und saniert, ist die Halle, in der bis 1989 auch U-Boote vom Stapel liefen, seit 2002 ein Veranstaltungszentrum, in dem die Tattoo Convention Kunst

Beeindruckend: Containerschiff auf dem Nord-Ostsee-Kanal.

zeigt, die nicht nur Seebären unter die Haut geht, Comedians das Publikum begeistern und Uni-Fachschaften bei Semester Opening Partys feiern. Sonntags pilgert man in Kiel zum Brunch ins Fuego del Sur – das argentinische Restaurant der Halle 400 besitzt die zweitgrößte Außengastronomie der Stadt mit traumhaftem Blick auf die Hörn. Seit 1997 gibt es dort die zierliche Hörnbrücke, die sich bei Schiffsverkehr faltet und Fußgängern eine Verbindung zwischen Hafenviertel und Innenstadt bietet. Etwas länger, aber nicht minder schön ist der Weg auf der neuen Uferpromenade um die Hörn. Nördlich des Germaniahafens sollen in den nächsten Jahren Wohnungen und Läden in Höfen entstehen, die sich zum Wasser öffnen.

Auch weiter die Förde hinauf ist Kiel vom Wertewandel an der Waterkant erfasst. Dort, wo die Schwentine in die Förde mündet, wurden die historischen Brücken wieder Schmuckstücke, wandelte sich der schmuddelige Lunaplatz zum grünen Balkon, sind die Uferstraßen nun Wanderwege mit Weitblick. Möglich werden die Infrastruktur- und Bauprojekte durch den Boom der Ostseeregion, der mit dem Fall des Eisernen Vorhangs begann.

SCHIFFE AUF DER GRÜNEN WIESE

Kiel ist der nordöstli1che Endpunkt des Nord-Ostsee-Kanals, der seit Juni 1895 Kreuzfahrtlinern, Containerriesen, Schuten und Segelbooten den 900 km längeren Weg um Jütland erspart. Rund 40 000 Schiffe passieren jedes Jahr in sieben bis neun Stunden die nur ein Zehntel so lange Abkürzung. Rund um die Uhr gleiten sie durch die beiden Doppelschleusen, die bei Kiel-Holtenau und Brunsbüttel an der Elbmündung den Tidenhub von 5 m ausgleichen. Bei der nicht ganz ungefährlichen Passage durch den Kanal hilft Hightech. Kapitäne aus aller Welt berechnen die optimale Route längst am Rechner und steuern ihren Kahn mithilfe von GPS. Nähern sich zwei Riesen, wartet ein Schiff in einer der Parkbuchten am Kanal. Den besten Blick auf die gefühlte Millimeterarbeit, wenn sich Schiffe in die Schleusenanlagen des Nord-Ostsee-Kanals in Kiel-Holtenau einfädeln, hat man übrigens von der Aussichtsplattform auf der Südseite im Stadtteil Wik. Oder man folgt der Parade der schwimmenden Giganten auf der NOK-Radroute als Teil der 250 km langen deutschen Fährstraße von Kiel bis nach Bremervörde.

HÜGEL MIT KNICK

Während sich die Radroute entlang des Kanals familienfreundlich flach zeigt, ist nur wenige Kilometer nördlich vom Kanal im Naturpark Hüttener Berge Kondition gefragt. Fast 106 m hoch schwingt sich der Scheelsberg dort auf – und macht die Hüttener Berge zu Deutschlands nördlichstem Höhenzug über 100 m. Berühmter ist der Aschberg, der von seinem 97 m hohen Gipfel Ausblicke auf eine Landschaft voller Wallhecken eröffnet, die hier „Knicks" heißen. Diese wurden als natürlicher Windschutz immer nach dem gleichen Prinzip angelegt: Ein kleiner, rund 1 m hoher Wall aus Feldsteinen und Erde wurde mit Haselnuss, Birke, Schwarzerle und anderen strauchartigen Gehölzen bepflanzt, den restlichen Bewuchs überließ man der Natur. Um die Höhe der Hecken zu begrenzen, wurden Äste, Sträucher und junge Bäume regelmäßig geknickt – daher der Name. Damit keine Rehe, Schafe, Kühe oder anderes Vieh die grüne Wand abfraßen, pflanzten die findigen Bauern Dorniges hinein – Heckenrosen, Brombeeren, Schlehdorn. Flurbereinigung, Industrialisierung und größeres landwirtschaftliches Gerät dezimierten

die Wallhecken, doch heute schreibt das Landesnaturschutzgesetz in jenen Gegenden, wo sie landschaftsprägend sind, eine Knickdichte von 60 laufenden Metern je Hektar vor. Die küstennahe Tierwelt atmet auf, leben doch auf 1 km Knick rund 1800 Arten!

HOLSTEINISCHE SCHWEIZ UND HOHWACHTER BUCHT

Als vor gut 200 Jahren in diesem Gebiet der Fremdenverkehr begann, erfand ein Hotelier einen zugkräftigen Namen für die liebliche Landschaft, die nur wenige Kilometer von der Ostseeküste zu Ausflügen lockt: Holsteinische Schweiz. Berge sucht man hier zwar vergebens, doch der Name hielt sich. Dabei müsste die Gegend eher „Holsteinisches Finnland" heißen, prägen doch dichte Wälder, hügelige, weite Felder und mehr als 150 Seen das Landschaftsbild zwischen Lütjenburg im Norden, Schönwalde im Osten und Bad Segeberg im Südwesten. Die größten Seen sind durch die Schwentine verbunden. So ergibt sich eine zusammenhängende Wasserfläche von rund 40 km² – vor allem für Aktivurlauber ist die Region ein Paradies. Auf Ostseeluft muss man

Links: Kulturdenkmal von Rang: das Damenstift Kloster Preetz zwischen Kiel und Plön.
Oben: Stilles Idyll am Plöner See in der Holsteinischen Schweiz.

dennoch nicht verzichten: Die Strände der Hohwachter Bucht mit ihren beliebten Ferienorten liegen in erreichbarer Nähe.

PARADIES IM URZUSTAND

Der Naturpark Holsteinische Schweiz ist eine romantische Landschaft. Naturfreunde folgen verschwiegenen Pfaden, Musikfans pilgern zu Festspielen von Weltruf, Familien mit Kindern genießen entspannte Ferien ganz ohne Sightseeingstress, aber voller Erlebnisse. Morgens, wenn die geschäftige Welt noch schläft, ist die Seenlandschaft ein Paradies im Urzustand, eine amphibische Idylle, geformt von der letzten Eiszeit, mit sanft gewellten Endmoränen, lichtdurchfluteten Buchenwäldern und an die 200 Gewässern, über denen noch Seeadler kreisen. Sie bildet ein Eldorado für Wanderer, Radfahrer und Wassersportler, die mit schnittigen Jachten über die Wasserflächen gleiten oder im Kanu verwunschene Winkel entdecken, in denen Schildkröten ihre Eier ablegen, Frösche quaken und Reiher stolz durchs Wasser staksen.

Doch was huscht da über den Grund? Ein Kember Krebs. Und damit ein Eindringling, ein Bioinvasor. Seine Heimat ist Amerika. Der US-Flusskrebs sieht dem deutschen Edelkrebs zwar ähnlich, hat aber einen entscheidenden Vorteil: Er ist gegen den Erreger der Krebspest resistent, der den deutschen Krebs ausgerottet hat. Kurzerhand setzten Fischer daher einst seinen US-Vetter aus. Heute darf dies nicht mehr geschehen, nur das Aussetzen heimischer Arten ist gestattet.

Nicht nur Kulturbeflissenen sei noch ein Abstecher nach Eutin ans Herz gelegt. Zwischen zwei Seen gequetscht, ist es der kulturelle Hotspot der Holsteinischen Schweiz. In dem klassizistisch geprägten Ort gibt es nicht nur eine Freilichtbühne, auf der jedes Jahr ein Opernfestival stattfindet. Hier gastiert auf dem Marktplatz auch jeden Mai die Musikszene beim größten Bluesfestival Europas. Daneben haben Dichter und Denker, die hier lebten und arbeiteten, dem Ort das Flair des „Weimars des Nordens" verschafft. Ach, und Rosen wachsen auch überall. Daher der Zusatz „Rosenstadt".

Oben: Einsame Möwe im Hafen des Ostseebads Laboe am Ostufer der Kieler Förde.
Rechts: Abendstimmung am Weissenhäuser Strand.

AUSFLUG NACH ÜBERSEE

Warum in die Ferne reisen, wenn Traumziele wie Brasilien und Kalifornien auch direkt vor der Tür liegen? Zugegeben, weder Rio und Zuckerhut noch Palmen und Hollywood findet man, wenn man von der Kieler Förde kommend der Küste ostwarts folgt. Auch sind Ostsee-Kalifornien und -Brasilien nicht für besondere Architektur oder ausschweifendes Leben bekannt. Der Strand kann aber mithalten. Je 2 km lang sind die Küstenabschnitte mit den berühmten Namen. Geboten werden feinweiße Strände und flaches Wasser, perfekt für Wasserratten und Wassersportler, die hier beste Bedingungen antreffen.

Mehr Charme hat freilich das kleine Hohwacht zwischen Ostsee und Großem Binnensee. Das mag an seiner Vergangenheit als Fischer-

dorf liegen. Die erkennt man u. a. an den grünen Holzhütten der Fischer neben dem Kurstrand. Kleine Straßen schlängeln sich kreuz und quer durch den Ort, in dem übrigens kein Haus höher sein darf als die Baumwipfel. Am Meer erstreckt sich eine Promenade, die ab der Ortsmitte oberhalb der Steilküste weitergeht. Dort das Atmen nicht vergessen, denn der Blick von der Aussichtsplattform ist sagenhaft!

EINZIGARTIGE THEMENWELTEN

Fast nur aus Freizeiteinrichtungen besteht der Weissenhäuser Strand. Errichtet wurde der Ferienpark als Konjunkturprogramm für eine Region, die in den ersten zwei Jahrzehnten nach dem Ende des Zweiten Weltkriegs unter den Folgen eines massiven Strukturwandels in der Landwirt-

Geboten werden feinweiße Strände und flaches Wasser, perfekt für Wasserratten und Wassersportler, die hier beste Bedingungen antreffen.

Vor dramatischer Himmelskulisse: der Fischereihafen in Heiligenhafen.

schaft litt. Den Aufschwung brachte erst ein För-
derprogramm zur Entwicklung von Gebieten an
der Grenze zur damaligen DDR: Von 1970 bis 1973
errichteten 1100 Bauarbeiter für rund 110 Millionen D-Mark Bungalows und Apartmenthäuser,
ein Strandhotel mit Kurmittelhaus, Geschäfte,
Freizeit- und Gastronomiekomplexe, alles maxi-
mal drei Stockwerke hoch.

Seit der Inbetriebnahme im Juni 1973 wurde
der Freizeitpark kontinuierlich erweitert. Die
Unterkünfte und öffentlichen Bereiche wie die
überdachte Einkaufspassage und die Gastromeile
wurden unlängst modernisiert und neu gestaltet,
neue Themen- und Erlebnisangebote geschaffen –
beispielsweise das Dschungelland, eine 6000 m²
große „Wildnis" zur Magie und Schönheit des
Dschungels. Schildkröten, Schlangen und Skorpi-
one, Pythons und Piranhas leben in naturnahen,
zum Teil offenen Terrarien, die in eine riesige
Felshöhle eingelassen wurden. In der 7 m hohen
begehbaren Volière flattern australische
Nymphensittiche herum, in einem Minifluss

huschen Zwergotter umher. Grabkammer und
Labyrinth des „Verbotenen Tempels" finden jüngere Kinder oft zu unheimlich, sie lockt das interaktive Piratenkino.

Festivals wie die „Schlagerwelle" oder das
„Metal Hammer Paradise" mit 20 Metal-Bands
auf drei Bühnen, Latin Dance Camps oder eine
Kinderfußballschule mit Manni Kaltz sorgen
dafür, dass das ganze Jahr hindurch die Betten
gut belegt sind. Und dank der Vielfalt von sehr
preiswerten Specials können Familien oder
Freunde ganz spontan ein Wochenende am Weissenhäuser Strand verbringen.

HEILGENHAFEN: GANZ NAH AM WASSER GEBAUT

Einen umfassenden Strukturwandel erlebt seit
einigen Jahren Heiligenhafen. Alle Promenaden
wurden erneuert, ein Aktiv-Hus lockt mit Sport,
Spaß und Wellness, 2012 wurde die 435 m lange
Seebrücke eingeweiht – die einzige der Ostsee mit
zwei Etagen und Zick-Zack-Pier ins Meer. Direkt

Bei Heiligenhafen: Durch Dünen führt der Weg zum Strand.

an der Seebrückenpromenade eröffneten 2016 zwei Hotelkomplexe für ganz unterschiedliche Zielgruppen: das Lifestyle-Hotel „Bretterbude" mit 110 Zimmern für junge Gäste und ein moderner Komplex, zu dem neben dem Beach Motel mit 115 auch die 62 Fewos der Beach Apartments gehören. Hans Christian Wohlfahrt hat zwischen der Ostsee und dem neu entstandenen Binnensee-Südstrand das Strand Resort geplant – mit 69 luxuriösen Ferienhäusern unter Reet, die vom Erd- bis zum Dachgeschoss unverstellt den Blick aufs Wasser eröffnen. Mit diesen Prestigeprojekten ist Heiligenhafen heute jung, frisch und das (zweite) Kalifornien der Ostsee geworden. Aber auch Natur und Idylle pur muss man nicht missen: Der nahe lang gestreckte Nehrungsarm Graswarder (graswarder.de) bietet Badestrand und 15 malerische, reetgedeckte Strandvillen. Der östliche Teil dieser Landzunge ist Naturschutzgebiet und nur im Rahmen von Führungen zugänglich.

Längst lockt Heiligenhafen auch im Winter die Gäste. Besonders am 2. Februar, wenn dort ein sonderbares Spektakel stattfindet. Beim „Lichtmessfest" wird eine alte Bauernregel überprüft. Dutzende Reiter kommen an den Strand und beginnen Punkt zwölf, ihre Pferde zu satteln. Schaffen sie dies bei Sonnenschein, beherrscht Väterchen Frost weiterhin das Wetter; zeigt sich die Welt hingegen nur neblig-trüb, ist der Frühling nicht mehr weit.

Der nahe lang gestreckte Nehrungsarm Graswarder bietet Badestrand und 15 malerische, reetgedeckte Strandvillen.

Infos & Empfehlungen

1 | KIEL

In der 1233 von Graf Adolf IV. gegründeten Landeshauptstadt dreht sich alles um die Förde. Werften, Hafen, Strandbäder und schmucke Villen liegen am Arm der Ostsee, auf dem nicht nur zur Kieler Woche gesegelt wird. Über die Holstenstraße wird der Alte Markt erreicht, wo 1949 St. Nikolai wiederaufgebaut wurde. In den 1990er-Jahren folgte der teilweise Wiederaufbau des Kieler Klosters. Dem Campanile von Venedig nachempfunden wurde der 106 m hohe Rathausturm.

Kunstinteressierte haben z. B. mit der Kunsthalle (Düsternbrooker Weg 1, www.kunsthalle-kiel.de), der Stadtgalerie (Andreas-Gayk-Str. 31, www. kiel.de) und der von Studierenden der Kunsthochschule betriebenen Produzentengalerie PRIMA KUNST (prima kunst.info) wichtige Anlaufpunkte.

Gleich vier Standorte hat das Kieler Stadt- und Schifffahrtsmuseum: den Warleberger Hof (Stadt- und Kulturgeschichte, Dänische Str. 19, www.kiel. de), das Schifffahrtsmuseum Fischhalle (Wallstr. 65), das Schaudepot des Museums im Wissenschaftspark der Universität sowie das GEOMAR (Düsternbrooker Weg 20, aquarium-geo mar.de), in dessen 16 Becken das Leben in Nord- und Ostsee und tropischen Gewässern vorgestellt wird. Mit 13 Skeletten rühmt sich das Zoologische Museum der artenreichsten Walausstellung Deutschlands (Hegewischstr. 3, www.zoologisches-museum. uni-kiel.de). Das 50er-Jahre Museum (Mecklenburger Str. 58, www.50er-jahre-museum-kiel.de) lässt mit Originalexponaten alte Zeiten aufleben.

Die Schlepp- und Fährgesellschaft Kiel (www.sfk-kiel.de) schippert von Kiel nach Laboe und legt u. a. in Seegarten, Reventlou, Bellevue, Mönkeberg, Möltenort und Friedrichsort an. TOURIST-INFO KIEL: ANDREAS-GAYK-STR. 31, 24103 KIEL, WWW.KIEL-SAI LING-CITY.DE, INFOS ZU THEATER- UND ANDEREN VERANSTALTUNGEN: WWW. KIEL.DE-VERANSTALTUNGSKALENDER

2 | LABOE

Vor der Haustür die Förde, um die Ecke die Ostsee, im Hinterland die Wälder und Felder der Probstei: Dieser Mix macht Laboe mit 20 km langem Sandstrand zu einem beliebten

Urlaubsort. Zum Marine-Ehrenmal (1927) gehört eine unterirdische „Historische Halle" mit Schiffsmodellen. Welch qualvolle Enge an Bord eines U-Bootes herrscht, verrät das U 995 (www.deutscher-marinebund.de), in der Meeresbiologischen Station Laboe (Strand 1, www.meeresbiologie-laboe. de) erfährt man, was ein Seestern frisst, und mit der Fähre geht es über die Förde zum Leuchtturm Strande-Bülk (zur Besteigung im Café am Seezeichen fragen!).
TOURISMUSBETRIEB, BÖRN 2, 24235 LABOE, WWW.LABOE.DE

3 | EUTIN

Im Hinterland der Ostseeküste ist die Holsteinische Schweiz einen Ausflug wert. Ihr Mittelpunkt ist die Rosenstadt Eutin. Die Altstadt mit Mittelalter-Fachwerk und Bürgerhäusern überragt der 67 m hohe Turm der romanischen Michaeliskirche aus dem 12. Jh. Die vierflügelige Anlage des Eutiner Schlosses wurde nach einem Brand 1689 neu aufgebaut. Heute ist es größtenteils Museum. Der 14 ha große Schlosspark aus dem frühen 17. Jh.

wandelte sich im 18. Jh. zum englischen Landschaftsgarten.
TOURISTINFORMATION, MARKT 8, 23701 EUTIN, WWW.HOLSTEINISCHE-SCHWEIZ.DE/EUTIN

4 | LÜTJENBURG

Fachwerk und Bürgerhäuser, Kopfsteinpflaster und Kirchtürme: Lütjenburg an der Hohwachter Bucht ist eine Kleinstadt wie aus dem Bilderbuch. Das Treiben auf dem Marktplatz wird von der romanisch-gotischen St. Michaeliskirche überragt. Das Barock-Rathaus, einst Wohnhaus, wird seit 1867 von den Ratsherren genutzt. In der Rosenstraße brannte Bäckermeister Detlev Hinrich Boll 1824 den ersten Lütjenburger Korn und legte den Grundstein zu einer Industrie, die Lütjenburg den Namen „Kümmelburg" eintrug.

Im Nienthal am nördlichen Ortsrand wurde eine slawische Turmhügelburg als Freilichtmuseum rekonstruiert (www.turmhuegelburg.de). Einen knappen Kilometer weiter westlich illustriert das Eiszeit-Museum mit Mammutzähnen und Fossilien die Zeit vor 10 000 bis 15 500 Jahren (Nien-

thal 7, 24321 Lütjenburg, www.eiszeit museum.de).
TOURISTINFORMATION, MARKT 4, 24321 LÜTJENBURG, WWW.STADT-LUETJENBURG.DE

5 | HEILIGENHAFEN

Sport und Spaß bei jedem Wetter bietet das Aktiv-Hus (www.aktiv-hus.de). Die hiesigen Meeresbewohner stellt die Ostsee-Erlebniswelt vor (Bäderstr. 6a–f, 23775 Klaustorf, www.ostsee erlebniswelt.de). Mit Seebrücke, Südstrand und besten Bedingungen für Surfer punktet das an drei Seiten von Wasser umgebene Großenbrode.
TOURISMUS-SERVICE HEILIGENHAFEN, BERGSTR.43, 23774 HEILIGENHAFEN, WWW.HEILIGENHAFEN-TOURISTIK.DE

Nicht verpassen

Top 5

❶ KLEINER KIEL-KANAL
Die neue Wasserfläche in Kiels Innenstadt lädt zum Verweilen und Flanieren ein.
S. 111

❷ NORD-OSTSEE-KANAL
An seinem Endpunkt lassen sich gigantische Containerschiffe, Kreuzfahrtliner etc. beobachten.
S. 112

❸ HOLSTEINISCHE SCHWEIZ
Gigantischer Naturpark mit romantischer Seenlandschaft.
S. 113, 115

❹ WEISSENHÄUSER STRAND
Der ganze Strand ein einziger Freizeitpark mit vielen Attraktionen.
S. 111, 117, 119

❺ HEILGENHAFEN
Die Stadt gibt sich heute jung und frisch – ein Kalifornien der Ostsee.
S. 118, 119, 121

*Oben: Mitten im Park: Schloss Eutin.
Unten: Strandszene bei Hohwacht.*

D ie Kieler Woche, die seit mehr als 120 Jahren in Schleswig-Holsteins Landeshauptstadt gefeiert wird, ist eines der größten Segelsportereignisse der Welt und das größte Sommerfest Nordeuropas.

Mehr als drei Millionen Besucher kommen zur Festwoche, die in der letzten Juniwoche beginnt, an die Förde. Entlang der Kiellinie und dem Willy-Brandt-Ufer sind Stände aufgebaut; auf dem Rathausplatz und in der Fußgängerzone werden auf dem Internationalen Markt Spezialitäten aus aller Welt angeboten. Die Gäste: 6000 Segler aus 50 Nationen, das Diplomatische Corps, Städtedelegationen aus dem In- und Ausland und Marineeinheiten aus aller Welt.

Die Kieler Woche ist auch ein Volksfest (ganz oben), die Windjammerparade eines der Top-Events.

„ANGLASEN" UND „STERNENZAUBER"

Die offizielle Eröffnung erfolgt am Samstagabend um 18.30 Uhr auf der Bühne am Rathausmarkt, die mit dem traditionellen „Anglasen" endet. Lang – kurz-kurz – lang – vier brummend tiefe Töne aus dem Schiffstyphon verkünden in der ganzen Stadt: Die Kieler Woche hat begonnen. Im Olympiazentrum Schilksee beginnen nun die Segelregatten in zehn olympischen und 16 internationalen Bootsklassen. Das gesamte Geschehen kann man auf dem Kieler-Woche-TV-Sender täglich von 11.30 bis 17.30 Uhr live verfolgen. Hautnah lässt es sich auf dem Freideck oder wettergeschützt hinter den großen Panoramascheiben der „MS Hamburg" erleben, die als einziges Begleitboot bei den Rennen zugelassen ist. Nach 9 Tagen endet das Event mit der Windjammerparade. Angeführt vom deutschen Segelschulschiff „Gorch Fock" verabschieden sich hier am zweiten Sonnabend um 11.00 Uhr jährlich mehr als 100 Traditionssegler. Zeitgleich findet ein zweiter Klassiker statt: das Kutterpullen. Kutter sind Nachbauten der Rettungsboote von Segelschiffen, mit denen über eine Renndistanz von 1 km gerudert wird. Abends lässt man es gern krachen: mit Lasershows und Höhenfeuerwerken, bis am letzten Sonntag um 23.00 Uhr ein „Sternenzauber" die Kieler Woche verabschiedet.

Links: Wie in alten Zeiten:
Windjammer in Kiel.

Fehmarn und die Lübecker Bucht

Klar, im prächtigen Lübeck leben Nostalgie und Tradition. Doch sprüht hier auch der junge Geist der Hanse. Weiter nördlich lockt ein Bilderbuchidyll, dessen Charme Familien und Trendsetter erst in letzter Zeit entdeckten.

Oben: Die heute als Museum eingerichtete Segelwindmühle „Jachen Flünk" in Lemkenhafen.
Rechts: Beste Haltungsnoten für den Sprung ins erfrischende Nass!

HANSATISCHES ERBE, TRADITIONS-BÄDER UND EINE SONNENINSEL

Gelber Raps, grüne Wiesen, blaues Meer, garniert mit Backsteinstädten und quirligen Häfen: Fehmarn und die Lübecker Bucht sind ein filmreifes Ferienland, ein Hauch von Luxus und Lifestyle weht durch die Badeorte. Der Reichtum vergangener Jahrhunderte ist in Lübeck allgegenwärtig, ein Quartett – Hanse, Holstentor, Marzipan und Thomas Mann – machte die Minimetropole an der Trave weltberühmt. Heute prägt sie ein lebendiges Kulturleben mit vielen Kreativen. Auch das einst kaiserliche Seebad Travemünde ist aufgewacht und zeigt sich im neuen Glanz, während die Society am Timmendorfer Strand Champagner schlürft.

FEHMARN & UMGEBUNG

Dass eine Urlaubslandschaft sich ständig neu erfinden muss, hat man auch auf Fehmarn erkannt, mit fast 2200 Sonnenstunden im Jahr und stets zuverlässigem Wind ein bevorzugtes Ziel von Seglern und Surfern. Im Inselinnern erhebt sich unübersehbar 75 m hoch der Turm von Klaustorf. Hier entstand die Ostsee-Erlebniswelt, die die Geschichte des Binnenmeeres lebendig inszeniert – mit Bernstein- und Küstenzimmer,

Fischereiabteilung und Ostseeaquarium. Den Grundstein für eine erfolgreiche touristische Entwicklung Fehmarns legte allerdings ein schnödes Infrastrukturprojekt, begonnen 1963: die Vogelfluglinie. Bis zu 800 Bauarbeiter schufteten, um Dänemark und Deutschland einander näher zu bringen. Fehmarn war dabei das entscheidende „Gelenk" der Vogelfluglinie. Mit der Fehmarnsundbrücke erhielt die Insel eine feste Landverbindung; zeitgleich wurden die Fährhäfen in Rødbyhavn und Puttgarden fertiggestellt. Doch die Fähren sind vermutlich ein Auslaufmodell: Künftig soll ein 17,6 km langer Straßentunnel die Häfen am Fehmarnbelt verbinden.

SPRUNGBRETT MIT MEHRWERT

Freilich ist die Sonneninsel aber viel mehr als nur ein Sprungbrett nach Dänemark. Als stolzes Bauernland bietet sie riesige Höfe, auf denen auch seenaher Urlaub auf dem Bauernhof möglich ist. Die sehr schönen Campingplätze und das Ferienzentrum bei Burgtiefe mit großem Freizeitangebot und feinsandigem Strand sind vor allem bei Familien beliebt. Die Inselhauptstadt Burg zählt zu den schönsten Städten im Norden. Naturfreunde werden sich auch für das Wasservogelreservat Wallnau im Westen der Insel begeistern

Gute Voraussetzung, um beim SUP oben zu bleiben: ruhige See!

können. Es ist Brutgebiet von bis zu 60 Vogelarten, rund 200 weitere rasten hier auf ihrem Vogelzug. Der Naturschutzbund Deutschland (Nabu) betreibt ein Infozentrum, das Gelände mit Erlebnispfad und Aussichtsturm ist ganzjährig frei zugänglich. Auch der Grüne Brink im Nordwesten und der Krummsteert/Sulsdorfer Wiek im Südwesten sind Naturschutzgebiete. Ein herrliches Terrain für Wanderungen ist schließlich die meterhohe Steilküste Katharinenhof/Staberhuk. Und dann ist da noch der Leuchtturm Flügge, der höchste der Insel. Das Bauwerk von 1914 im Südwesten Fehrmans bietet eine großartige Aussicht, die man sich mit einem Aufstieg über 162 Stufen aber erst verdienen muss.

RASANTER FERIENSPASS

Großenbrode, auf dem Festland kurz jenseits der Fehmarnsundbrücke gelegen, verdankt wie auch Fehmarn der Vogelfluglinie seine Existenz als Ostseebad. Dank 1,5 km langem, sanft abfallendem und feinweißem Südstrand sowie Jachthafen hat es sich zuletzt enorm entwickelt. Hingucker sind nicht nur die frisch überholte Promenade, der Abenteuerspielplatz und der Seebrückenplatz, auch die Seebrücke kann sich sehen lassen.

Mit den Superlativen von Grömitz mag es sich jedoch nicht ganz messen können. 8 km „Vitamin Sea": Vom Jachthafen bis zum Lensterstrand hat Grömitz einen der längsten Strände. Und es ist eines der ältesten und größten Ostseebäder Deutschlands, das zudem die zweitlängste Seebrücke der Lübecker Bucht sein eigen nennt. Wer einen unvergesslichen Blick auf den Sonnenaufgang und das golden glitzernde Meer genießen will, ist hier goldrichtig. Die Chancen, diesen selbst bei einem Kurzurlaub zu erleben, stehen sehr gut – schließlich scheint die Sonne über Grömitz (von Mai bis Juli durchschnittlich 7 Stunden) häufiger als in anderen Regionen.

Als Trendrevier für neue Funsportarten hat sich Grömitz mit den Seebädern Damp und Kellenhusen zum Ost-SeeFerienland (OFL) zusammengetan, das sich schon bald einen Namen gemacht hat. Wer an Land bleiben möchte, kann auf zweirädrigen Waveboards über den Asphalt streetsurfen oder sich zweirädrige Riesen-Skates unter die Schuhe schnallen und skiken. Für flotte Fahrt sorgen Stöcke, mit denen man sich abstößt und die 50 km lange Skike-Strecke bewältigt. Große Sprünge sind an Land mit Power-Risern möglich – gefederten Hightech-Springschuhen,

Am Kopf der Grömitzer Seebrücke bietet die Tauchgondel Unterwasseransichten.

die den Geher meterhoch und sehr weit katapul-
tieren. Könner kommen dabei auf extrem hohe
Geschwindigkeiten, Anfänger kämpfen mit der
Balance ...

Absolut angesagt als Sommersport sind im
„OFL" auch die schnelle Federballvariante Speedminton sowie Cross Golf, Zumba und Flashcups,
der blitzschnelle Pyramidenbau aus Bechern. Für
das hippe Frisbeespiel „Discgolf" besitzt Kellenhusen die größte Anlage Deutschlands. Auf dem
Wasser sorgt SUP, Stand-Up-Paddling, für mehr
Kondition und Spaß beim Paddeln. Wie Wellen
beim Paddeln im Stehen gemeistert werden, verraten Kurse bei der Kellenhuser „Ostseeanima-
tion" oder der Surfschule Grömitz. Und während
anderenorts noch Kiten als trendy gilt, ist im OFL
längst eine südkoreanische Funsportart angesagt,
die Elemente des Inlineskatens, Waveboardens
und Wellenreitens verbindet: Xlider.

BETAGT, ABER QUIRLIG

Kreischend hüpfen die Möwen auf und ab, doch
der Fischer auf dem Minikutter ist fertig, der
letzte Fisch verkauft. Der Mann wischt sich die
Hände ab, morgen gehts weiter. Wie an den meisten Tagen in Neustadt. Der 700 Jahre alte Ort, wo
die Ostsee wie in einem Fjord landeinwärts strebt,
ist quirlig. Alles liegt dicht beisammen. Hier
bewegt man sich vor einer malerischen Kulisse
wie dem alten Pagodenspeicher, in dem früher
das Korn gelagert wurde. Vom Hafen sind es nur
ein paar Schritte in die kleine Altstadt. Und nur
in Neustadt kann man vom Jachthafen mit dem
kostenlosen Hafenshuttle übers Wasser in die
Stadt fahren!

Schöne Sandstrände – bewacht und mit
Strandkorbvermietung, Animation etc. – finden
sich gleich vor der Haustür im ehemaligen
Fischerdorf Rettin und in Pelzerhaken, dem Eldo-

*Absolut angesagt sind die schnelle Federballvariante
Speedminton sowie Cross Golf, Zumba und Flashcups,
der blitzschnelle Pyramidenbau aus Bechern.*

Oben: In Neustadt in Holstein lebt man seit mehr als 750 Jahren von und mit dem Hafen. Rechts: Vor dem Lübecker Rathaus.

rado für Wassersportler. Dort ist auch der einzige Südstrand der Bucht, der von morgens bis abends von der Sonne verwöhnt wird.

LÜBECK & TRAVEMÜNDE

„Mein kleines Lübeck, du große Stadt…": Mit diesem Refrain haben sich Andi Klüver, Matze Langer und Gerrit Böttcher vom Projekt Caramba in die Herzen der Lübecker gesungen. Der Song der Band, die mit ihrem Stilmix aus Rock, Pop, Soul und A-capella-Rap die Kneipen füllt, avancierte binnen Wochen zur inoffiziellen Hymne, streichelt sie doch das Selbstwertgefühl mit Parolen wie „Lübecker sind die Geilsten". Ein Schuss Lokalpatriotismus tut der Stadt gut, die 2013 in die Metropolregion Hamburg integriert wurde.

Die einstige Königin der Hanse als Teil des Hanse-Konkurrenten Hamburg? Nicht jedem Lübecker gefiel die geopolitische Entscheidung, zu der sich die Ratsherren angesichts des harten globalen Standortwettbewerbs durchgerungen hatten. Rund um den Globus ist Lübeck seit Jahr-

zehnten immer gleich „gebranded": als UNESCO-Welterbe, bekannt durch Holstentor, Hanse, Marzipan und Thomas Mann. Doch das Klischee deckt längst nicht alles ab. Hinter den Backsteinfassaden vibriert ein junges, kreatives, modernes Lübeck.

JUNG GEBLIEBENES BACKSTEIN-IDYLL

Eingerahmt von Wakenitz und Trave, Mühlen- und Krähenteich sowie den Resten der Wallanlagen drängt sich das alte Lübeck mit seinen Gassen und Gängen, Kirchen und Kontoren auf einer 100 Hektar großen Insel – ein Welterbe, wie gemacht für Flaneure. Stockrosen lehnen sich an weiß verputzte Fassaden, Kopfsteinpflaster glänzt im fahlen Licht der Laternen. Torbogen, bei denen man sich demütig bücken muss, trennen den Trubel der Innenstadt von kleinen Oasen mit einstöckigen Häuschen und winzigen Gärten.

Am 28./29. März 1942 versank dieses Lübeck bei Bombenangriffen der Royal Air Force in Schutt und Asche. Betroffen war besonders der Westen der Altstadt. Von den Stadtkirchen überlebte nur

Backstein- und Treppengiebel zählen zu den Markenzeichen der Lübecker Altstadt.

Fischerroutine mit frischem Fang im Hafen von Travemünde.

St. Jacobi das Bombardement unversehrt, Marienkirche, Dom und Petrikirche stürzten ein, das Gründerviertel wurde fast völlig zerstört.

ROTSPON, MARZIPAN UND CHARISMA

Dass sich Lübeck heute wieder als die mittelalterliche „Königin der Hanse" präsentieren kann, verdankt die Stadt in Vielem dem Engagement der Possehl-Stiftung, vor allem in der Mengstraße, wo Thomas Mann mit seiner Familie lebte und seinen Roman „Buddenbrooks. Verfall einer Familie" schrieb. Ganz unten, wo schon die Trave in die Straße schimmert, steht das Schabbelhaus, in dem einst die Pfeffersäcke tafelten und Rotspon tranken. Der Rotwein aus Bordeaux, an der Trave verfeinert, machte Lübeck zu Hansetagen zur Weinhandelszentrale des Nordens. Gewürze und Mandeln vom Mittelmeer verarbeiteten einst 130 Manufakturen zu Marzipan. Überlebt haben nur drei – zwei kleinere und ein weltberühmtes Haus, das ein junger Mann aus Ulm 1806 in Lübeck gründete: Niederegger. Im Stammhaus an der Breiten Straße stapelt sich Marzipan in allen Variationen – als Hansekogge und Holstentor, Herz, Obstkorb und Glücksschwein. Im nostalgischen Café genießt Björn Engholm, ehemaliger Ministerpräsident und passionierter Lübecker, beim Kaffee gern Niedereggers Kuchenklassiker: Marzipantorte mit Walnusssahne.

Menschen mit Charisma sind eine weitere Lübecker Spezialität. Drei Nobelpreisträger – Thomas Mann, Günter Grass und Willy Brandt – hat die Minimetropole hervorgebracht, und viele eigenwillige Geister. Und auf dem Burgklosterfriedhof fand eine Mutter eine letzte Ruhestätte,

Die Königin der Hanse

Die Gründung der Stadt Lübeck als erste deutsche Ostseestadt im Jahr 1143 war entscheidend für die Entwicklung der Hanse als Organisation niederdeutscher Fernkaufleute. Die seefahrenden Kaufleute waren davon überzeugt, dass der Handel ohne Zwischenhändler besser blüht und schufen im 12. Jh. einen Städtebund, der sich zur stärksten Wirtschaftsmacht Europas entwickelte. In ihrer Hochzeit gehörten dazu Kaufleute in fast 200 Städten: eine geschlossene Gruppe, die die Regeln der Wirtschaft diktierte, günstige Handelsverträge erzwang und sogar einer eigenen Gerichtsbarkeit unterlag. Vier große Kontore und 44 kleinere Niederlassungen bildeten das Rückgrat des Hansehandels in einem Gebiet, das heute sieben europäische Staaten umfasst. Mit der Entdeckung Amerikas 1492 schwand der Einfluss der Hanse, der internationale Handel verlagerte sich von der Ostsee in den Atlantik, Hamburg lief Lübeck den Rang ab.

die Lübeck immer wieder in die Schlagzeilen der Presse brachte: Marianne Bachmeier. Im Saal des Lübecker Landgerichts hatte sie 1981 den mutmaßlichen Mörder ihrer Tochter Anna erschossen. Ihre Selbstjustiz machte ihre Kneipe über Nacht weltberühmt: Das Tipasa wurde Kult, sein Ofenbrot ein Klassiker. 1996 starb „die Bachmeier" an Krebs. Das Tipasa hat sein besonderes Flair verloren. Die Szene ist weitergezogen, statt großer Worte wird Musik gemacht. Im Irish Club Mac Thomas zupft man abends auf der Klampfe und röhrt ins Mikro, im Funambules wird zu Rock und Root Reggae geschwoft, auf dem Cargo Schiff im Klughafen zu House bis in den Morgen getanzt. Der Nachwuchs trifft sich beim Poetry Slam: bis die Wolken wieder lila werden. Frech, frivol, punkig, aber auch leise und nachdenklich präsentieren Jugendliche im Kinderkulturhaus erste Gedichte. Applaus!

KAISERLICHES TRAVEMÜNDE

Gegenüber der MUK, wie die Lübecker ihre Musik- und Kongresshalle nur nennen, schippern in der Saison Barkassen auf der Trave 20 km hinab zum Seebad Travemünde, das seit fast 700 Jahren zu Lübeck gehört. Wo Kaiser Wilhelm 1882 den Seglern bei der ersten „Travemünder Woche" zusah und 1902 selbst urlaubte, geht es bis heute hanseatisch gediegen zu. Im Winter führen die Hamburger, die das ganze Jahr über heuschreckenartig am Wochenende einfallen, im Pelz oder in dicker Daune ihre Retriever und Dobermänner an der Vorderreihe Gassi, im Sommer nippen sie, nautisch gestylt, am Apérol Spritz, am Hugo oder anderen angesagten Sommerdrinks.

Travemünde ist für sie die Ostsee-Alternative zu Sylt. In Timmendorfer Strand lästern sie gern, protzen die Neureichen. In Travemünde regiert

Am Ende der Promenade weicht der Sandstrand einer Urwelt aus Geschiebe und Geröll, schwingt sich die Küste steil zum Brodtener Ufer hoch.

Markanter Blickfang am Timmendorfer Strand: die 275 m lange Seebrücke.

der Stil. Und die Natur: Am Ende der Promenade und der schmucken Strandvillen weicht der Sandstrand einer Urwelt aus Geschiebe und Geröll, schwingt sich die Küste 4 km lang steil zum 20 m hohen Brodtener Ufer hoch. Oben leuchtet der Raps hellgelb, wiegt sich der Weizen im Wind. Unten verstecken sich zwischen riesigen Findlingen Hühnergötter am Strand – Feuersteine, in die Wind und Wellen ein Loch gewaschen haben. Norddeutsche tragen die Glücksbringer stylish am Lederband um den Hals; größere Exemplare werden vor der Hauswand als Kette aufgehängt, die im Winter mit Schnee fast magisch wirkt.

Voller Magie ist auch der Wald, der hinter Timmendorfer Strand bis Scharbeutz die Küste säumt: ein Staatsforst voller Eichen und Buchen, lichtdurchflutet. Im Schwarzwildgehege von Kellenhusen ziehen Keiler und Bache ihre Frischlinge auf, einige Kilometer weiter kraxeln Jung und Alt im Hochseilgarten mutig durch die Baumwipfel. Urlaubstrubel an der Küste, ländliche Idylle im Hinterland: Das lockt Urlauber. Sanfter Tourismus brummt. Wellness und Nordic Walking sind überaus beliebt – Tendenz steigend.

DORSCH AUF SCHLEMMERKURS

Stärkung danach bringt der herzhafte Biss ins Fischbrötchen. Matjes, Aal, Krabben oder Bismarckhering, mit Salatblatt und Remoulade ins Rundstück gelegt, fehlen auf keiner Karte, bei keinem Imbiss. Schon gar nicht am 12. Mai – dann feiert die Ostseeküste den Weltfischbrötchentag mit Schauräuchern, Frischfisch vom Kutter, Livemusik und Lütter Lage, dem Bier-Korn-Duo des Nordens.

Raffinierter waren „Die fesche Äsche", der „Ostseekuss", das „Muschelgetuschel", der „Piratenschmaus Störtebeker" und das „Holsteiner Schwentine-Päckchen", mit denen die Küchenchefs von der Ostseeküste und aus dem Nachbarland Dänemark beim „Ostseegericht" um den Sieg kämpften. Dieser traditionsreiche Kochwettbewerb, den der Ostsee-Holstein-Tourismus e. V. zusammen mit dem Hotel- und Gaststättenverband DEHOGA Kreisverband Ostholstein seit 1982 ausrichtet, gilt als kulinarischer Saisonauftakt an Schleswig-Holsteins Ostseeküste. Für die Köche gibt es eine Medaille, für Urlauber jedes Jahr ein regionaltypisches Gericht, das zwischen Glücksburg und Travemünde zum Einheitspreis serviert wird.

Hafen Travemünde

Möwen kreischen, ein markanter Geruch liegt in der Luft und steigt einem in die Nase: Am Hafen in Travemünde gibts fangfrischen Fisch! Wer mag, kauft direkt vom Kutter, auch an den Ständen im Frischereihafen ist das Erlebnis authentisch, während Segelboote, Fähren und andere Schiffe langsam vorbeigleiten.

Infos & Empfehlungen

1 | BURG AUF FEHMARN

Die Inselhauptstadt Burg ist der wohl hübscheste Ort auf Fehmarn. Den Ortsteil Burgstaaken dominieren die Silos am Hafen, Burgtiefe lockt mit Südstrand und Jachthafen, der Wulfener Hals mit einem Top-Surfrevier. Vier Museen bietet der 6000-Seelen-Ort: die Ernst-Ludwig-Kirchner-Dokumentation (Bahnhofstr. 47, 23769 Burg, www.kirchnervereinfehmarn.de), das Mühlenmuseum (Mühlenweg 45, 23769 Lemkenhafen, www.museum-fehmarn.de), das Meereszentrum (Gertrudenthaler Str. 12, 23769 Burg, https://mega-meereswelten.de) und das Mitmachmuseum Galileo-Wissenswelt (Mummendorferweg 11b, 23769 Burg/Fehmarn, www.galileo-fehmarn.de)

TOURISMUS-SERVICE, SÜDSTRAND-PROMENADE 1, 23769 BURGTIEFE/FEHMARN, WWW.FEHMARN.DE

2 | GRÖMITZ

Der familienfreundliche Ort punktet mit dem 8 km langen Südstrand, Promenade, Jachthafen, Wellenbad, Tauchgondel, Golfplatz und Erlebniszentrum am Lensterstrand. Die Wasserwelt des Oldenburger Grabens und der Ostsee stellt die Natur-Erlebnis-Station Deichhaus vor. Das Strandspa in Dahme bietet Wellness: Hier reinigen Meersalzgrotten die Atemwege, ein Muschelflotarium sorgt für Entspannung.

TOURISMUS-SERVICE GRÖMITZ, NEUER MARKT 1, 23743 OSTSEEBAD GRÖMITZ, WWW.GROEMITZ.DE

3 | NEUSTADT IN HOLSTEIN

Die 1244 gegründete Kleinstadt lebt von ihrem Hafen, wo Sportsegler und Traditionsschiffe liegen. Die Cap-Arkona-Ausstellung erinnert an den Tod von 4600 Häftlingen, deren Rettungsschiff alliierte Bomber versenkten (Vor dem Kremper Tor, www.zeittor-neustadt.de).

TOURISMUS AGENTUR LÜBECKER BUCHT (TI NEUSTADT), DÜNENWEG 7, 23730 NEUSTADT/OSTSEE, WWW.NEUSTADT-OSTSEE.DE

4 | SCHARBEUTZ

Die Großgemeinde mit ihren zehn Dorfschaften ist besonders bei Familien mit Kindern beliebt. Im traditionsreichen Fischereihafen Haffkrug informiert der Fischereilehrpfad über die

Oben: Das Café Niederegger, Lübecks-Marzipan-Institution.
Unten: Ausschau halten an der 400 m langen Seebrücke Grömitz.

Ostseefischerei. Zweiter Hingucker
von Haffkrug ist die Seebrücke. Der
breite Sandstrand ist aufgeteilt in The-
men-, Sport- Aktiv- und Hundestrände.
**TOURIST-INFO SCHARBEUTZ, STRAND-
ALLEE 134, 23683 SCHARBEUTZ,
WWW.LUEBECKER-BUCHT-OSTSEE.DE/
SCHARBEUTZ**

5 | TIMMENDORFER STRAND

1,5 km nördlich vom Engel's Eck
(Timmendorfer Platz 3), dem Treffpunkt der In-People, ragt seit 1908 die
Maritim-Seebrücke ins Meer. Eine
Aufzuchtstation für Seepferdchen und
der Haifisch-Tunnel sind Highlights
des SEA-LIFE (Kurpromenade 5,
www.visitsealife.com/de-de).

Etwa 4 km weiter östlich sind im
Hafen von Niendorf farbenfrohe Fisch-
kutter vertäut und verkaufen ab Kai-
kante frischen Fisch.
**TIMMENDORFER STRAND NIENDORF
TOURISMUS GMBH, TIMMENDORFER
PLATZ 10, 23669 TIMMENDORFER
STRAND, WWW.TIMMENDORFER-
STRAND.DE**

6 | TRAVEMÜNDE

In Travemünde stieg man bereits 1802
von Badekarren in die Fluten. 1822
folgte die Eröffnung der Spielbank,
1889 maßen sich die Segler erstmals
bei der Travemünder Woche. Am Pri-
wallufer ist die SS Passat vertäut
(http://passathafen.luebeck.de/
passat). Ans alte Travemünde erinnern
u.a. die Lübsche Vogtei (1551), die
St.-Lorenz-Kirche (1557) und der Alte
Leuchtturm (Am Leuchtenfeld 1,
www.leuchtturm-travemuende.de).
Die 1898/1899 angelegte Promenade
präsentiert sich als 1,7 km lange Flaniermeile mit Liegestühlen, Bänken
und „Ostseelounge".
**WELCOME CENTER IM STRANDBAHN-
HOF, BERTINGSTR. 21, 23570 TRAVE-
MÜNDE, WWW.TRAVEMUENDE-
TOURISMUS.DE**

7 | LÜBECK

Die Altstadt der einstigen Hauptstadt
der Hanse mit Highlights wie Holstentor, Salzspeicher, Rathaus, Dom und
Heiligen-Geist-Hospital zählt zum
UNESCO-Welterbe. An der Untertrave
sind im Museumshafen (www.muse
umshafen-luebeck.org) 20 Nostalgie-
segler vertäut. Eine spannende Reise
durch 600 Jahre Hansegeschichte präsentiert das Europäische Hansemu-
seum an drei Standorten (An der
Untertrave 1, www.hansemuseum.eu).
An die großen Literaten der Stadt erinnern das Heinrich- und Thomas-Mann-
Zentrum im Buddenbrookhaus
(Mengstr. 4, http://buddenbrookhaus.
de) sowie das Günter Grass Haus
(Glockengießerstr. 21, http://grass-
haus.de). Multimedial inszeniert das
Willy-Brandt-Haus (Königstr. 21, www.
willy-brandt.de/hausluebeck.html) die
Geschichte des 20. Jhs.
**LÜBECK UND TRAVEMÜNDE MARKE-
TING GMBH, HOLSTENPLATZ 1, 23552
LÜBECK, WWW.LUEBECK-TOURISMUS.DE**

Zwischen Trave und Warnow

Strandkörbe markieren eine Küstenregion, in der Meer und weißer Ostseesand erholsame Urlaube versprechen. Die Hansestädte strahlen als urbane Zentren der Region Lebensfreude aus.

Abendstimmung bei
Warnemünde.

Historische Architektur an der Strandpromenade in Kühlungsborn.

DIE ERFINDUNG DES SEEBADS

Blau, Grün, Rot sind die Farben von Mecklenburg-Vorpommern: Blau wie das Meer, grün wie der Wald und die Felder, rot wie der Backstein, aus denen viele Kirchen und Kaufmannshäuser errichtet wurden. Das Land hat, was in vielen anderen Gegenden Deutschlands fehlt: Raum zum Atmen, einen Himmel, über den noch Vogelschwärme ziehen, stille Seen, Naturlandschaft, wenig befahrene Alleestraßen, versteckte Dörfer. Kein anderes Bundesland ist so dünn besiedelt. Nur an der Küste nimmt die Zahl der Menschen im Sommer sprunghaft zu. Dann vibrieren die Seebäder vor Leben, und die vierte Charakterfarbe des Landes strahlt verlockend: das Weiß des Ostseesands.

Zwischen Klützer Winkel und Warnemünde liegen eine ganze Reihe bedeutender Ostseebäder. „Ferien am Meer" wurden in der Mecklenburger Bucht quasi erfunden: 1793 eröffnete in Heiligendamm das älteste deutsche Seebad, gefolgt von Boltenhagen, wo 1803 der erste Badekarren den Beginn des Bädertourismus aufzeigte. Auch das heute größte Ostseebad liegt in Mecklenburg: Kühlungsborn.

Und das jüngste: Poel, das sich erst seit 2005 mit dem Zusatz „Ostseebad" schmücken darf, dank seines Inseldaseins vom Durchgangsverkehr verschont bleibt, dafür aber viel Ostseeidylle bietet: Salzwiesen, auf denen Pferde grasen, dazwischen Wasserflächen, zahlreiche Strände, die im Nordosten der Insel familienfreundlich flach sind, überhaupt jede Menge unverfälschte Natur und, klar, auch ein paar Dörfer.

STRÄNDE SATT …

… gibt es zwischen Trave und Warnow, den beiden Flüssen, die mit ihren weit ins Land reichenden Trichtermündungen und den beiden Hansestädten Lübeck und Rostock die natürlichen Endpunkte dieses Küstenabschnittes bilden. Nur eine Auswahl sei genannt: Den Anfang macht einer der schönsten Naturstrände an Mecklenburg-Vorpommerns Ostseeküste. Der Strand Steinbeck, nur wenige Kilometer von Klütz entfernt, lädt ein zum Steinwerfen, zum einsamen Nachtschwimmen und zu Hundespaziergängen auf der Steilküste. Wer mehr Trubel mag, ist an dem nahen, von einer mondänen Promenade gesäumten

Strand des Ostseebads Boltenhagen richtig. Ein Déjà-vu erlebt dann, zumindest dem Namen nach, wer der Küste von Westen kommend schon eine Weile folgt. Denn auf Poel lockt der Timmendorfer Strand, der belebteste der Insel, mit weißem Sand und wunderschönen Dünen. Vor der Kulisse von prächtigen weißen Villen plantscht man am Strand von Heiligendamm. Und das Prädikat „sehr speziell" verdient der Strand vor der Hafeneinfahrt von Warnemünde: Schwimmen mit den Wellen der Fähren, Anreise mit der S-Bahn ab Rostock.

WISMAR AUS DER ASCHE

In Wismar ist die Stadtgeschichte nicht zu übersehen, so dominant setzen sich hier die Backsteinkirchen und Kaufmannshäuser in Szene. Einige der schönsten Bauten weisen auf die Hansezeit hin, die großen Wohlstand in die Stadt brachte. Ihre zweite Blüte erlebte die Stadt unter der Herrschaft Schwedens, das immerhin von 1648 bis 1803 die Geschicke von Stadt und Umland lenkte. Dem Verfall, den Weltkriegsschäden und DDR-Restaurierungstau mit sich brach-

ten, wird mit immensem Aufwand Einhalt geboten. Man konserviert, saniert und restauriert; nach der Wende erlebte die Stadt eine beispiellose Renaissance. Doch wo soll man einen Schlusspunkt setzen? Soll jede zerstörte Kirche rekonstruiert werden?

Derzeit ringt die Bürgerschaft um den richtigen Umgang mit der Marienkirche. Nur der schwarzbraune Turm erhebt sich noch und spiegelt Weltkriegswahn wie DDR-Willkür. Denn das Kirchenschiff sprengte man im Jahr 1960, allen Protesten der Bevölkerung zum Trotz.

VERKAUFTE INSEL

In Rerik am Salzhaff geschehen seltsame Dinge. Als in der Goldgräberstimmung nach der Wende Investoren und Spekulanten ins Land strömten, wechselte auch die Rerik vorgelagerte Halbinsel Wustrow den Besitzer. 1998 ging das ehemalige Militärgelände der Nationalsozialisten an die Unternehmensgruppe Fundus, laut Medienberichten zum Schnäppchenpreis von 7,55 Millionen Euro. Die Räumung von Munition bezahlte der Bund. Fundus will die alte Militärsiedlung

Die Farbe Rot beherrscht den Alten Hafen von Wismar.

abreißen und eine Ferienanlage der Luxusklasse bauen mit Marina, Golfplatz, Reitgelände und allem, was das Herz einer betuchten Kundschaft erfreut.

Rund 2000 Menschen sollen sich hier in der Hochsaison erholen – was der Gemeinde Rerik gar nicht passt. Denn der Weg nach Wustrow führt mitten durch den Ort; man fürchtet Lärm und Autoverkehr zum Schaden der Anwohner und der eigenen Feriengäste. Deshalb sperrte die Gemeinde kurzerhand die Zufahrt zur Halbinsel für den Autoverkehr. Und als Baulaster und Bagger nicht mehr rollen konnten, sperrte der Investor im Gegenzug die Öffentlichkeit aus und trennte Wustrow mit einem Zaun von Rerik ab. Wenn zwei sich streiten, freut sich der Dritte – das ist in diesem Fall die Küstennatur, die sich hinterm Zaun Stück um Stück Territorium

zurückholt und inzwischen wieder auf Kutschfahrten und bei Wanderungen erkundet werden darf: Die Häuser der Militärs verfallen. Seeadler, Neuntöter und die seltenen Sperbergrasmücken siedeln sich an. Wustrow versinkt wie Dornröschens Schloss hinter einer grünen Wand, ungehindert wächst und wuchert es hier, bröckelt und zerfällt es da.

TAUSEND KIRCHEN

Eine der schönsten Backsteinkirchen im ganzen Ostseeraum steht in Bad Doberan. Der mit erlesenen Kunstschätzen ausgestattete Kirchenraum zieht Busladungen von Besuchern an. Was hier golden blitzt und funkelt, galt einst auch als Machtdemonstration. Als Zisterzienser im Jahr 1171 Kloster Doberan gründeten, geschah das inmitten eines feindseligen Umfelds: 1147 hatte

Stück um Stück holt sich die Küstennatur Territorium zurück und darf inzwischen wieder auf Kutschfahrten und bei Wanderungen erkundet werden.

Ein Beispiel norddeutscher
Backsteingotik: das
Doberaner Münster.

Poel gilt als Familienurlaubsziel – kein Wunder, dass es hier auch Pferde gibt.

Heinrich der Löwe den slawischen Ureinwohnern nach blutigem Ringen das Christentum aufgezwungen, der Zustrom von Bauern aus Nordwestdeutschland besiegelte den Untergang der altslawischen Kultur.

Von dieser Umbruchzeit zeugen viele kleine Dorfkirchen, die auf das 13. Jh. zurückgehen. Je nach den damaligen finanziellen Möglichkeiten von Gemeinde und Grundherr bestehen diese Kirchlein mal aus rohen Feldsteinen, mal aus Backstein oder aus einer Mischung von beidem. Heute gibt es noch rund 1000 Dorfkirchen in Mecklenburg-Vorpommern, doch viele rotten und bröseln vor sich hin.

Dem begegnen engagierte lokale Fördervereine, die nicht unbedingt aus religiösen Gründen zur Rettung der Dorfkirchen aufrufen, sondern weil sie ein wichtiges kulturelles Erbe in Gefahr sehen. Kein Wunder also, dass nicht jede der sorgsam restaurierten Kirchen wieder für den Gottesdienst genutzt wird. Manchmal steht auch die Kultur im Vordergrund, zum Beispiel für Konzerte in einem eindrucksvollen Rahmen wie in Rerik.

ROSE IM HINTERLAND

Unsere Burnout-Gesellschaft wird solche Orte irgendwann zu schätzen wissen, wo die Nacht noch vollkommen still ist und so pechschwarz, dass am Himmel das Sternenband der Milchstraße funkeln kann, wo am Tag Naturgeräusche dominieren anstelle von Techniklärm. Im Mecklenburger Hinterland gibt es solche Orte noch, etwa im Niemandsland zwischen der Autobahn A 20 und dem Meer. Wo die Einheimischen nach der Wende abwanderten, sahen andere eine Chance. Sie verliebten sich in das Land, erkannten die Möglichkeiten und ergriffen sie. Im Fall der Hamburgerin Edda Schütte war es das Gutshaus Groß Siemen, eines der zahllosen heruntergekommenen Herrenhäuser, in denen sich die Dächer durchbogen, die Tapeten von den Wänden hingen, der Stuck von der Decke fiel und im Mauerwerk die Schwalben ein- und ausflogen. Um so ein Projekt zu stemmen, braucht es Begeisterung, Macherqualitäten – und ein dickes Fell. Denn an allen Ecken und Enden lauerten Überraschungen. So musste die neue Besitzerin von Groß Siemen feststellen, dass sich in der mecklenburgischen

Blick auf die Silhouette Rostocks.

Krume nicht nur Regenwürmer fanden, sondern auch die Reste einer Mülldeponie. Edda Schütte biss sich durch, unterstützt von der ganzen Familie, beseitigte, räumte auf, baute und sanierte, richtete Ferienwohnungen im Herrenhaus ein, pflanzte und schnitt unbeirrt nunmehr 3500 englische Rosen. Das Ensemble aus Herrenhaus, Rosarium und Orangerie erhielt schließlich den Ritterschlag als einer der Spielorte der Musikfestspiele Mecklenburg-Vorpommern.

VOM WINDE VERWEHT

Die meisten Einheimischen sind von ruhiger Art, angenehm zurückhaltend, weder überschwänglich noch aufdringlich: Großspurigkeit ist nicht ihre Sache. Auch das Aufbegehren hat in Mecklenburg-Vorpommern keine Tradition. „Sie haben den Protest nicht gelernt", behaupten Kenner der Landes- und Mentalitätsgeschichte. Das sei geschichtlich begründbar: eine lange Periode der Leibeigenschaft, dann die DDR-Zeit, in der bürgerliches Aufbegehren ebenfalls unterdrückt wurde. Doch es tut sich einiges: So konnte der geplante Windpark vor Kühlungsborn verhindert werden, nur 6 km von der Küste entfernt. Der freie Blick auf das Meer am Tag wäre dahin gewesen, nachts hätten Positionslichter geblinkt. „Es gibt Gäste, die suchen sich ihre Unterkunft nach dem Windatlas aus – die wollen keine Windräder sehen", erzählt eine Hotelbesitzerin, die wie viele andere in der Region Unterschriftenlisten ausgelegt hatte, um die erst 2015 zurückgezogenen Pläne zu verhindern.

Ungeachtet dessen bleibt Mecklenburg-Vorpommern aber einer der wichtigen Player im Geschäft mit der Energiewende. Energiekon-

Wie Lukas der Lokomotivführer lehnt sich ein Heizer aus
dem Führerhaus, lässt Molli pfeifen, und aus den Waggons
werfen fröhliche Fahrgäste Kusshände in die Menge.

zerne von überallher rammen ihre Windparks offshore in die Ostsee und auch ins Hinterland. Der stetige Ostseewind begeistert eben nicht nur Segler und Kitesurfer.

UNTER DAMPF

Wer zum ersten Mal den Molli sieht, staunt nicht schlecht: Da quetscht sich doch tatsächlich eine Dampflok mitten durch die engen Sträßchen von Bad Doberan, mit gehörigem Geschnaufe und Gezisch. Wie Lukas der Lokomotivführer lehnt sich ein schwarz gekleideter Heizer lachend aus dem Führerhaus, lässt Molli pfeifen, und aus den Waggons werfen fröhliche Fahrgäste Kusshände in die Zuschauermenge. Ein gelungener Auftritt! Die „Mecklenburgische Bäderbahn Molli" verbindet seit dem Jahr 1886 Bad Doberan mit Heiligendamm, seit 1910 fährt die Schmalspurbahn weiter bis Kühlungsborn. Aber wie kam Molli zu diesem Namen? Eine nette, eher nicht wahre Geschichte geht so: Als die Bäderbahn durch Doberan fuhr, riss sich der Mops einer Passantin von der Leine und stürmte auf die Lok zu. Entsetzt rief Frauchen ihm hinterher: „Molli, bleib stehen!" Das

hörte nicht nur der Hund, sondern auch der Lokführer, der hierauf in die Bremsen trat – und fortan hieß der Zug Molli.

Verbrieft ist zumindest die Spurweite der Gleise: 900 Millimeter. Die 1905 im Klützer Winkel in Betrieb genommene Schmalspurbahn „De Lütt Kaffeebrenner" braucht 600 Millimeter Spurweite, der „Rasende Roland" braust auf 750 Millimetern über Rügen. Damals baute noch jede Eisenbahngesellschaft ganz so, wie sie es für richtig hielt.

WO DIE AIDA ABLEGT

Warnemünde, einst ein Fischernest an der Mündung der Warnow in die Ostsee, hat sich zu Deutschlands größtem Kreuzfahrthafen gemausert. Wenn sich mit der „Aida" die Prominenz unter den Ozeandampfern ankündigt, säumen reihenweise Schaulustige den Fährhafen. Das größte Kreuzfahrtschiff, das je die Warnowmündung angesteuert hat, ist die „Royal Princess". Die beherbergt mit 3600 Passagieren und 1350 Besatzungsmitgliedern fast genauso viele Menschen wie Warnemünde selbst. Dort gingen 2017 rund

Links: Warnemündes grüne Westmole. Oben: Schmucke Fassaden säumen Rostocks Kröpeliner Straße.

900 000 Menschen von Bord oder bestiegen ihr Schiff. Lieblingsziele aller Gäste sind der Leuchtturm, der „Teepott", ein markanter architektonischer Hingucker an der Seepromenade, und der „Alte Strom", wie Warnemündes historischer Hafen heißt. Hier ankern urige Fischkutter und Jachten. Backfisch-Udo bietet am Kai „Krosse Krabben" an, Möwen lauern auf leichte Beute aus Touristenhand.

Die schmucken, schmalen, pastellfarbenen Kapitänshäuschen am Wasser dienen als Ferienwohnungen. Im Erdgeschoss logieren Kleidergeschäfte, Kneipen, Restaurants, Cafés. Und wer noch kein Buddelschiff erstanden hat, der wird hier fündig.

TOR ZUR WELT

Rostock, die größte Stadt in Mecklenburg-Vorpommern, ist anderen Gesetzen unterworfen als die Seebäder an der Küste. Die kennen das Auf und Ab von Haupt- und Nachsaison, Rostock lockt das ganze Jahr. Nicht unwesentlich dafür verantwortlich ist die Universität. Sie macht die Stadt für junge Menschen so attraktiv. Rund um den „Brunnen der Lebensfreude" vor der Universität ist bei gutem Wetter immer Hochbetrieb. Und das Kulturangebot ist umfassend wie nirgends sonst im Land.

Im Vergleich mit den anderen Hansestädten schneidet Rostock allerdings schlecht ab. 1677, die Hanse war schon Geschichte, loderte ein verheerender Brand in der Stadt, über die Hälfte der Bevölkerung kam um. Die stolze Hansemetropole versank in die Bedeutungslosigkeit – und wurde leichte Beute für plündernde dänische und schwedische Truppen. Anfang des 19. Jhs. gab der Rat der Stadt grünes Licht für den Abriss von baufälligen Kirchen und Klöstern. Er ließ die Stadtmauern niederreißen, viele gotische Gemäuer abtragen und Raum für neue Bauten schaffen. Das tut den Freunden der Backsteingotik natürlich in der Seele weh. Denn ein guter Teil des mittelalterlichen Rostocks war damit dahin. Und was den Kahlschlag der gotischen Gemäuer überlebte, ging zur Hälfte im Zweiten Weltkrieg unter.

Infos & Empfehlungen

1 | KLÜTZER WINKEL

Der friedliche Klützer Winkel erstreckt sich zwischen Lübeck, Wismar und der Ostseeküste. Hauptort ist das schmucke Kleinstädtchen Klütz. Die größte barocke Palastanlage Mecklenburg-Vorpommerns erwartet Besucher am Schloss Bothmer (1726–1732). Besichtigt werden können der herrliche Park und die historischen Räume (www.mv-schloesser.de/bothmer). Die niedliche Schmalspurbahn „De Lütt Kaffeebrenner" zuckelt nach Reppenhagen (www.stiftung-deutsche-kleinbahnen.de). Gebadet wird im Ostseebad Boltenhagen. Es winken 5 km Badestrand und eine Steilküste.

STADTINFORMATION KLÜTZ, IM THUROW 14, 23948 KLÜTZ, WWW.KLUETZ-MV.DE

2 | WISMAR

Die Altstadt von Wismar gehört zum UNESCO-Welterbe. Prächtige Backsteinkirchen und Kaufmannshäuser erinnern an die Hansezeit. Auf dem Markt fällt die 1580 bis 1602 erbaute Wasserkunst auf. Das spätgotische Rathaus bekam 1819 einen klassizistischen Seitenflügel. Wismars Alter Schwede ist ein oft fotografiertes Wohn- und Speicherhaus (um 1380). Von den fünf Stadttoren hat nur das um 1450 im spätgotischen Stil errichtete Wassertor am Alten Hafen überdauert, den alte Speichergebäude umzingeln. Vor allem die Krämerstraße säumen viele prächtige Giebelhäuser. Drei monumentale Kirchen gönnten sich die Wismarer im Mittelalter, nur St. Nikolai (1380–1508) blieb fast unbe-

schädigt. St. Georgen, im Zweiten Weltkrieg zerstört, wurde ab 1990 wieder aufgebaut. Von der Marienkirche blieb nur der 80 m hohe Turm.

Flache Strände im Nordosten, kein Durchgangsverkehr, das zeichnet das Ostseebad Insel Poel als Familienurlaubsort aus. Langenwerder ist Vogelschutzgebiet.

TOURIST-INFORMATION, LÜBSCHE STRASSE 23A, 23966 WISMAR, WWW.WISMAR.DE

3 | BAD DOBERAN

Der mecklenburgische Großherzog Friedrich Franz I. machte Bad Doberan im 18. Jh. zu seiner Sommerresidenz. In einem weitläufigen Park erhebt sich das 1368 geweihte Münster, bedeutendstes mittelalterliches Bauwerk

Links: Die astronomische Uhr in St. Marien, Rostock.
Oben: „Molli" schnauft durch Bad Doberan.

Mecklenburgs und hochgotische Kirche des 1171 gegründeten Zisterzienserklosters. Im Innenraum reiht sich eine kunsthistorische Kostbarkeit an die andere (www.muenster-doberan.de).

Nicht verpassen

Top 5

1 POEL
Eins der jüngeren Ostseebäder mit familienfreundlichen Stränden, viel Natur und grasenden Pferden.
S. 143, 145, 147

2 WISMAR
Die Stadtanlage aus der Hochzeit der Hanse zählt heute zum UNESCO-Welterbe.
S. 145, 146, 152

3 MOLLI
Die Dampfeisenbahn Molli schnauft durch die engen Straßen von Bad Doberan in die Ostseebäder Heiligendamm und Kühlungsborn.
S. 149, 151, 153

4 KREUZFAHRTHAFEN
In Warnemünde legen heute die gigantischen Kreuzfahrtschiffe an, wahrhaftig ein imposantes Erlebnis.
S. 149

5 ROSTOCK
In der Uni-Stadt pulsiert das ganze Jahr über das Leben, und das Kulturangebot ist gigantisch.
S. 148, 151, 153

Die Bäderbahn Molli schnauft jede Stunde einmal zwischen Bad Doberan nach Kühlungsborn (www.molli-bahn.de). Zwischenstation ist Heiligendamm, wo 1793 Großherzog Friedrich Franz I. Deutschlands erstes Seebad gründete. Seinen Beinamen „Weiße Stadt am Meer" verdankt es den Farben der klassizistischen Kuranlagen, Villen und Hotels.

Das Ostseebad Kühlungsborn ist das größte Seebad an der Ostseeküste. Der dortige Grenzturm war zu DDR-Zeiten ein Wachturm, heute ist er ein Museum (Ostseeallee 1a, www.ostsee-grenzturm.com). Die beste Übersicht genießt man vom Leuchtturm „Buk" in Bastorf.

TOURIST-INFORMATION BAD DOBERAN UND HEILIGENDAMM, SEVERIN-STRASSE 6, 18209 BAD DOBERAN, WWW.BAD-DOBERAN-HEILIGENDAMM.DE TOURISTIK-SERVICE, OSTSEEALLEE 19, 18225 OSTSEEBAD KÜHLUNGSBORN, WWW.KUEHLUNGSBORN.DE

4 | SEEBAD WARNEMÜNDE
Warnemündes Herz ist der Alte Strom (Alte Warnow), der hier in die Ostsee mündet. Berühmt ist die Stadt für ihre Warnemünder Woche, ein großes Segelsportfestival Anfang Juli. Viel Publikum flaniert auf der breiten Strandpromenade dem berühmten Leuchtturm von 1898 entgegen (www.warnemuendeleuchtturm.de). Links führt die Westmole 500 m hinaus auf die Ostsee. Am Alten Strom reihen sich Kapitänshäuser, Geschäfte, Kneipen und Imbissbuden, im Wasser dümpeln Fischkutter. An der Mittelmole findet ein Fischmarkt statt. Und am Fähranleger hinter dem Bahnhof legen Ausflugsschiffe zur Hafenrund-

fahrt und zum Rostocker Stadthafen ab (www.rostocker-flotte.de).

TOURIST-INFORMATION, AM STROM 59, 18119 ROSTOCK-WARNEMÜNDE, WWW.WARNEMUENDE.DE

5 | ROSTOCK
Die größte Stadt Mecklenburg-Vorpommerns bietet zahlreiche Möglichkeiten für Einkauf und Kulturgenuss. Die 1419 gegründete Universität ist die älteste Nordeuropas. Die Hanse Sail Anfang August zählt zu den größten Windjammertreffen der Welt. Am Neuen Markt erhebt sich die Marienkirche (1230) mit ihrer astronomischen Uhr (1472) und prächtigen Altären. Das Rathaus (um 1270) diente im Mittelalter auch als Kaufhaus; 1727 setzte man einen barocken Vorbau vor die verspielte gotische Schauwand.

Von der Fischerbastion im Westen geht der Blick zum Stadt- und zum Museumshafen. Einen guten Überblick bietet die Aussichtsplattform der Petrikirche (14. Jh.).

Größten Zulauf genießt der Zoo mit dem Darwineum, 2018 eröffnete hier mit dem Polarium eine neue Heimat für die Eisbären und Pinguine (Barnstorfer Ring 1, www.zoo-rostock.de). Rostocks Schiffbau- und Schifffahrtsmuseum ist im Traditionsschiff „Dresden" untergebracht (Schmarl-Dorf 40, www.schifffahrtsmuseum-rostock.de).

TOURIST-INFORMATION, UNIVERSITÄTSPLATZ 6, 18055 ROSTOCK, WWW.ROSTOCK.DE

Strandkörbe

Loblied auf ein Strandmöbel

Strandkörbe sind der reinste Genuss: Sie schützen vor Ostseewind, praller Sonne, neugierigen Blicken und Frisbeescheiben. Die Polster sind weich, die neigbare Rückenlehne sorgt für Liegekomfort, ein herausklappbares Tischchen erlaubt ein gewisses Maß an Esskultur. Man richtet sich wohlig ein in seiner kleinen Welt mit Zeitung, Handtuch, Sonnencreme und fühlt sich wie auf der eigenen Insel.

WER HATS ERFUNDEN?

Als Erfinder des Strandkorbs gilt der Rostocker Korbmacher Wilhelm Bartelmann. Den Anstoß gab die rheumakranke Elfriede Maltzahn, die einen vor Wind und Wetter schützenden Stuhl erbat. Das Ergebnis, eine Art senkrecht stehender Wäschekorb mit Sitzbrett, hatte seinen ersten Auftritt 1882 am Strand von Warnemünde – mit großer Resonanz. Wilhelm Bartelmann stieg in

die Produktion ein, Ehefrau Elfriede in die Ver-
mietung. 1895 erweiterte Johann Falck, Bartel-
manns ehemaliger Geselle, das Möbel um eine
kippbare Rückenlehne und Platz für zwei Perso-
nen: die bis heute unveränderte Grundform.

MADE IN HERINGSDORF

Einzige verbliebene Strandkorbfabrik an der Ostsee ist das Korbwerk in Heringsdorf. Rund 4000
Strandmöbel werden hier jedes Jahr gefertigt – ab
rund 700 Euro und in Handarbeit. Den Billigseg-
mentmarkt bedient inzwischen längst Ostasien.
Jeder Korb hat eine solide Basis aus Holz und feu-
erverzinkten Metallteilen. Statt der Weidenruten
kommt heute Kunststoff fürs Geflecht zum Einsatz, pflegeleicht, wetterbeständig und leicht zu
verarbeiten. Reichlich ist die Auswahl an Marki-
senstoffen, Sonderwünsche sind alltäglich. Aber
nicht jeder Strandkorb landet am Strand. In Pri-
vatgärten, auf Hotel- und Restaurant-Terrassen,
sogar in den Skigebieten der Alpen sind sie zu
sehen – als „Sonnenkorb" (www.korbwerk.de).

 Es gibt folgende Strandkorbvarianten: Ostsee-
strandkorb mit geschwungenem Seitenteil, Halb-
lieger (Neigungswinkel der Rückenlehne bis 45°),
Nordseestrandkorb mit geradem Seitenteil, Lieger
(Neigungswinkel der Rückenlehne bis 90°). Die
Strandkorb-Tagesmiete kostet üblicherweise
10–18 Euro.

Oben: Ehe ein Strandkorb z. B. am Ostseestrand
seine Bestimmung findet, ist eine Menge Handarbeit
erforderlich – wie hier im Korbwerk Heringsdorf.

Fischland, Darß und Zingst

Wind und Wellen formen die Landschaft und die Natur ist hier an der Boddenküste, über deren seichtes Gewässer manchmal traditionelle Segler rauschen, noch lange nicht am Ende ihres Werks.

Frische Farben, Reetdach – ein hübsches traditionelles Haus in Born.

EINE UNGLAUBLICHE ZAHL

1711 km misst die Küste Mecklenburg-Vorpommerns – was ungefähr der Entfernung von Rostock nach Rom entspricht. Allein 1357 km entfallen auf die Boddenküste – eine ursprünglich durch das Eindringen des Meeres in die junge Grundmoränenlandschaft entstandene, seichte, unregelmäßig geformte Szenerie, die sich in ungezählten Windungen hinter der Außenküste dahinschlängelt.

Die Vorpommersche Boddenlandschaft steht heute unter Schutz – ihren Anfang nimmt sie an der Halbinsel Fischland-Darß-Zingst, tierisches Wahrzeichen der Halbinsel ist der Kranich, ein Zugvogel, der hier zu Zehntausenden Zwischenstation macht.

Eigentlich handelt es sich bei dieser Region um drei Inselchen – Fischland, Darß und Zingst –, entstanden mit dem Abzug der letzten nacheiszeitlichen Gletscher. Mutter Natur sorgte dafür, dass nach und nach alle Verbindungen zur offenen See versandeten, die Sturmflut von 1872 setzte den Schlusspunkt. Das schwerste hiesige Hochwasser seit Menschengedenken warf 3,5 m hohe Wellenberge gegen die Küste und schüttete den Prerower Strom zu, der den Darß von Zingst trennte. Fortan hingen die Inseln aneinander fest.

Besonders nah sind sich Bodden und die offene Ostsee übrigens am südlichen Ortsende von Wustrow auf dem Fischland: Für einen der schönsten Blicke der Halbinsel sollte man daher den Kirchturm erklimmen – besser sieht man die Landenge nirgends.

IDYLLE AM ENDE DER WELT

„Fischerkaten am Saaler Bodden", „Ländliche Hofstelle mit Kornfeld" nannte der Oldenburger Maler Paul Müller-Kaempff seine Werke und unterstrich damit, was die Künstler Ende der 1880er-Jahre in Ahrenshoop suchten und fanden. 1909 bekam die Kunst hier auch eine feste Heimat, als Paul Müller-Kaempff und Theobald Schorn den „Kunstkaten" errichteten. Die Kombination aus inspirierender Idylle weit weg vom modernen Leben mit billiger Kost und Logis zog bald weitere Künstler an. „Und die ehrbaren Ahrenshooper sperrten die sonst mürrisch verschlossenen Mäuler auf, als sie sich und ihre friedfertige Umgebung so unversehens in die Unsterblichkeit versetzt sahen", spöttelte das Berliner Tageblatt 1907.

Zeesenboote sind nach den hier „Zeese" genannten Schleppnetzen benannt.

Links: Blick auf die Seebrücke von Zingst. Oben: Historische Holzschiffe im Hafen von Ahrenshoop.

„WORPSWEDE DER OSTSEE"

Heute nennt sich Ahrenshoop gerne das „Worpswede der Ostsee". Nirgendwo sonst ist die Galeriedichte gemessen an der Einwohnerzahl höher als hier. Die heimeligen Reetdachhäuser verraten eine sorgsame Pflege, doch mit der Konservierung des Zaubers klappt es nicht immer. Auch über die jüngsten architektonischen Landmarken an den Ortseingängen kann man geteilter Meinung sein: hier der raumgreifende Glaskoloss des Kurhauses, dort das lehmbraune fensterlose Kunstmuseum. Ein Blickfang ist die Bunte Stube, 1922 im Bauhaus-Stil errichtet. Aus dem früheren Treffpunkt der Maler wurde ein kunterbunter Souvenir- und Buchladen, in dem während der Hauptsaison die Kunden dicht an dicht stöbern, schmökern und einkaufen. Dann doch lieber einen Abstecher zum Hohen Ufer, wo Sanddorn wächst und in der steilen Wand Uferseeschwalben brüten? Oder, mit etwas mehr Zeit, mag man auch hinauf zum Bakelberg spazieren. Aus der Distanz meint man noch das alte Ahrenshoop zu sehen mit seinen Fischerkaten

und Rosenbüschen unter dem Glanz des nordischen Himmels. Und kann verstehen, welche Inspiration die Künstler der ersten Stunde hier fanden.

LAND ENTSTEHT, LAND VERGEHT

Eine Hauptattraktion auf dem Darß ist der Gang zum Darßer Weststrand – vom Fernsehsender Arte vor einiger Zeit zu einem der 20 schönsten Strände der Welt gewählt – und zum Leuchtturm „Darßer Ort" an dessen nördlichem Ende. An schönen Sommertagen wandern ganze Völkerscharen hierher. Man kann es ihnen nicht verdenken, denn hier bietet sich ein Küstenpanorama, das seinesgleichen sucht. Hautnah lässt sich die schöpferische Kraft des Meeres erleben: Südlich trägt das Wasser permanent Küste ab, zerwühlt den Strand, reißt den Sand tonnenweise mit sich, unterspült die Wurzeln der gebeugten Küstenkiefern und bringt sie zu Fall. Nordöstlich vom Darßer Ort gibt das Meer seine Beute wieder her, spült Sand in langen zarten Fahnen an und häufelt ihn zu flachen Bänken.

Ahrenshooper Idyll: Sand, Strand, Wind und Meer, darüber ein Reetdachhaus.

Der Wind formt sie zu Dünen, auf denen erst Zwergstrauchheiden sowie viele Jahre später Kiefern, Eichen und Buchen gedeihen – das Land wächst, der Kreis schließt sich.

Auch der 5000 Hektar große Darßwald ist auf diese Weise entstanden. Exkursionen führen regelmäßig in das schummerige Licht unter den Kiefern und Buchen. Noch trägt er den Stempel menschlicher Nutzung. Alte Arbeitswege drücken ihm ein schachbrettartiges Muster auf, frühere Aufforstungen tragen noch den Charakter von Monokulturen. Eines schönen Tages aber soll dieser Wald wieder Urwald sein.

DORFIDYLL AM BODDEN

Sanfter zeigt sich der Bodden jenseits des Darßwalds. Alles noch wie immer, so scheint die Devise in Born zu lauten. Der kleine Ort hat es geschafft, sein ursprüngliches Flair weitgehend zu behalten: Die Sandstraßen sind rechts und links von Schifferhäusern mit den geschnitzten und bunt angemalten Darßtüren gesäumt. In Born erlebt man den Zauber des Boddens. Gerade an windstillen Tagen, wenn die Schilf-

halme unbewegt sind und nur hier und da ein Schwan auf dem Wasser dümpelt, erinnert das Setting an eine Märchenwelt.

Auch ein Spaziergang im benachbarten Wieck katapultiert den Flaneur in die Vergangenheit, haben doch die Wiecker einen guten Teil ihrer Dorfatmosphäre in die Gegenwart gerettet. An den Sandstraßen und am Bodden stehen viele alte Kapitäns- und Steuermannshäuser mit verglasten Veranden und großen Gärten. Beim Schlendern durch den ursprünglichen Ort fällt auf, dass sich selbst die neu gebauten Häuser in das Gesamtbild einfügen.

Späte Genugtuung für die Wiecker: Während sie wegen ihrer Lage am Bodden und fehlendem Ostseezugang lange nicht vom Tourismus profitieren konnten, kommen viele Urlauber jetzt gerade wegen Ruhe und Ursprünglichkeit. Zum (nahen) Meer fahren kann man ja immer noch.

IM KRANICHLAND

Östlich von Prerow verjüngt sich das Inseltrio wieder und bald ist Zingst erreicht. Über rund 15 km erstreckt sich an der Nordküste der wahr-

scheinlich beliebteste (und deshalb vollste) Strand auf der ganzen Halbinsel. Besonders schön (und dann auch wieder etwas ruhiger) präsentiert sich der östliche Teil, wo der Badestrand an den wilden Strand des Nationalparks grenzt. Hier lässt man auch den Bauboom hinter sich, der in Zingst gewütet und aus dem Kapitäns- und Fischerdörfchen einen modernen Ferienort gemacht hat, in dem man Baulücken mit der Lupe suchen muss.

Gänzlich vergessen hat man die Zivilisation dann bei einem Ausflug – am besten mit dem Fahrrad – nach Pramort! Links und rechts liegt geschützte Natur, und ganz im Osten schweift der Blick über das schmale Fahrwasser bis nach Hiddensee: Es gibt wohl keinen besseren Aussichtspunkt, um die einfliegenden Kraniche in der

Dämmerung zu sichten. (In der Kranichsaison wird allerdings der Zutritt begrenzt.)

Jahr für Jahr lockt der Zug der Kraniche Tausende an die Ostseeküste: In März und Oktober rastet die unvorstellbare Zahl von über 70 000 Vögeln am Bodden zwischen Zingst und Rügen. Mit Ferngläsern und Kameras ausgerüstet warten auf Ostzingst Vogel- und Naturfreunde warm eingemummt auf die Dämmerung. Dann ziehen Tausende Kraniche in langen Ketten über den Himmel, untermalt von ihren Trompetenrufen. Das geht unter die Haut.

Im Herbst fressen sich die Vögel auf den Boddenwiesen den Bauch voll – Reserven für ihren Flug nach Süden. Im Frühling versammeln sich die Kraniche hier zu ihren Balztänzen. Sie gebärden sich wie Verrückte, steigern sich in einen

Tausende Kraniche ziehen in langen Ketten über den Himmel, untermalt von ihren Trompetenrufen. Das geht unter die Haut.

Die Seemannskirche in Prerow ist die älteste Kirche auf dem Darß.

Furor aus Knicksen, Sprüngen und Flügelschlagen, werfen den Kopf weit in den Nacken und trompeten aus voller Kehle. Ihre Artgenossen können sich dem nicht entziehen, fangen ebenfalls an zu tönen, zu springen und zu wirbeln, schließlich wogt alles wie ein Ballett, das völlig außer Kontrolle geraten ist. Es dauert, bis der Tanz eines Paares in Harmonie übergeht und sich die zwei wie Spiegelbilder bewegen. Und obwohl Kranichpaare lebenslang zusammenbleiben, werben sie jeden Frühling hingebungsvoll umeinander.

SCHUTZ TUT NOT

Seit einigen Jahren zählt man akribisch die Kraniche. Wuchsen die Bestände lange Zeit, so sind die Ornithologen neuerdings zunehmend beunruhigt. „Der Reproduktionserfolg war in manchen Gebieten schlecht in den vergangenen Jahren", berichtet Dr. Günter Nowald, der das Kranich-Informationszentrum in Groß Mohrdorf leitet. Der Klimawandel führt in den Brutgebieten immer öfter zu sintflutartigen Regenfällen,

die Gelege überfluten und frisch geschlüpfte Junge töten. Auch ein kalter Frühling nach milden Wintern setzt den Kranichen zu, Hunger und Unterkühlung vernichteten die meisten Jungvögel. Vor allem aber die Landwirtschaft bereitet Sorgen. Wo immer mehr Raps und Mais ganze Landschaften in grüne Wüsten verwandelt, sinken die Chancen für die Kraniche.

Ein Glücksfall ist der riesige Zuschnitt des Nationalparks Vorpommersche Boddenlandschaft mit über 800 Quadratkilometern (auch Teile Hiddensees und Rügens gehören dazu). Hier kann sich die Natur an vielen Stellen völlig ungestört entwickeln, was ein Segen vor allem für die hochempfindlichen Boddengewässer ist. Im flachen Wasser der Lagunen leben Muscheln, Krebse, Schnecken, Heringe und Kleinfische in Massen. Zahlreichen Watvögeln dienen sie als Nahrungsquelle. So ist die Pommersche Bucht das wichtigste Überwinterungsgebiet für Wasservögel der gesamten Ostsee.

Jährlich machen hier auch rund sechs Millionen Zugvögel Station, um sich vor dem Weiter-

Unterwegs im Freilichtmuseum Klockenhagen.

zug Reserven anzufressen, darunter nicht nur die 70 000 Kraniche, sondern auch 15 000 Goldregenpfeifer, 5000 Kiebitze sowie viele Tausende Saat- und Blässgänse.

ZWEI WELTEN

„Genau so war es einmal!", wirbt das Freilichtmuseum in Klockenhagen am südlichen Ende des Bodden für sich. Bauernhäuser aus ganz Mecklenburg-Vorpommern vereinen sich hier zu einem anschaulichen Ensemble. Unter den mit Reet (hier „Rohr" genannt) gedeckten mächtigen Dächern erlaubt eine detaillierte Schau den Blick ins Leben der Menschen vor rund 100 Jahren. Und das war alles andere als einfach. Das Museum sortiert sich seit einigen Jahren neu:

Mitmachaktionen ziehen Familien an. Kinder dürfen Brot backen, Wäsche waschen wie zu Urgroßmutters Zeiten sowie Schafe und Ziegen füttern. Zwischen den Bauernhäusern, Katen und Pferdekoppeln stehen frühe landwirtschaftliche Geräte.

Ein Schild entlarvt ein rostiges Ungetüm aus Rädern und Schaufeln als Kartoffelpflanzlochmaschine. Der Unterdrehpflug daneben mag einst der Stolz des Hofbauern gewesen sein. Man staunt über frühe Versuche, die harte Feldarbeit gleichzeitig weniger mühsam und einträglicher zu machen. Wie enorm weit es Maschinenbau, Navigationstechnik und Ingenieurskunst mittlerweile gebracht haben, zeigt ein Blick auf die Felder jenseits des Museumszauns, wo GPS-ge-

Im flachen Wasser der Lagunen leben Muscheln, Krebse, Schnecken, Heringe und Kleinfische in Massen. Zahlreichen Watvögeln dienen sie als Nahrungsquelle.

Links: Natur wie gemalt – im Rhododendronpark von Graal-Müritz.
Oben: Kopfsteinpflaster in der „Vineta-Stadt" Barth.

steuerte Traktoren das einstige Tagwerk eines mecklenburgischen Bauern in nur wenigen Minuten umpflügen.

BERNSTEIN UND VINETA

Die Halbinselkette aus Fischland, Darß und Zingst riegelt heute die Städte Ribnitz-Damgarten und Barth von der offenen See ab. Ribnitz-Damgartens „Goldader" hat aber dennoch engste Verbindungen zum Meer: Bernstein lautet das Zauberwort, das die Gäste magisch anzieht. Im einstigen Klarissenkloster von Ribnitz breitet das Deutsche Bernsteinmuseum seine honigfarbenen Küstenschätze aus. Ebenfalls in der Altstadt haben Bernsteingalerien und die große Schaumanufaktur ihren Sitz. Auch Barth sucht und findet sein touristisches Heil im Zusammenhang mit dem Wasser: Hypothesen, die Vineta, die sagenhafte Hafenstadt, im Barther Bodden und nicht bei Zinnowitz auf Usedom verorten, gaben dem Hype um das „Atlantis der Ostsee" vor Ort reichlich Nahrung. Folgerichtig nennt sich Barth „Vineta-Stadt" und unterhält auch ein kleines Vineta-Museum.

AUF NEUEN WEGEN

Fischland-Darß-Zingst blättert ein breites Spektrum an Gästeunterkünften auf. Ferienwohnungen sind gefragt, die Hoteliers lassen sich immer Neues einfallen. Das „Kurhaus Ahrenshoop" begeistert mit seiner Aussicht aufs Meer. Nebenan im „Hotel Namenlos" und in der „Fischerwiege" begibt sich Besitzer Roland Fischer auf die Spuren der Künstlerkolonie und hängt Originale ins Restaurant wie in die Zimmer. Im Diershagener „Strandhotel Dünenmeer" dürfen Restaurant und Spa erst ab zehn bzw. 16 Jahren genutzt werden. Kinderfrei? „Natürlich gab's Prügel von der Presse", erinnert sich Marketingchef Michael Lemke. Doch das legte sich rasch. Denn nur wenige Hundert Meter weiter liegt das Schwesterhotel: Das „Strandhotel Fischland" ist ganz auf Familien eingestellt und kinderfreundlich bis ins kleinste Detail – wer als Kind wählen darf, wird gar nicht ins „Dünenmeer" wollen. „Nichtstun ist hier die einzige Pflicht", sagt Lemke übers „Dünenmeer" – für Kinder wohl die Hölle, für urlaubsreife Erwachsene oftmals der Himmel.

Darßer Ort

Das Ziel auf dem Darß ist der Leuchtturm „Darßer Ort" – am besten fährt man mit dem Fahrrad hin und folgt dann dem Rundwanderweg, der, teils auf Bohlenwegen, die wildromantische Landschaft erschließt. Wer genau hinschaut, wird Zeuge eines Naturschauspiels: Auf der einen Seite trägt das Meer die Küste ab – und lässt sie auf der anderen wachsen.

Infos & Empfehlungen

1 | RIBNITZ-DAMGARTEN

Der Darß war einst wichtige Fundstelle für Baltischen Bernstein, aber auch die Segelschiff-Werften haben die Stadt bekannt gemacht. 1950 schlossen sich Ribnitz (Mecklenburg) und Damgarten (Vorpommern) zusammen. Lohnend ist ein Besuch des Klarissenklosters (14. Jh.) schon wegen des dort beheimateten Deutschen Bernsteinmuseums (Im Kloster 1–2, www.deutsches-bernsteinmuseum.de). Bernstein erwerben kann man in der Schaumanufaktur Ostsee-Schmuck (An der Mühle 30, www.ostseeschmuck.de).

Das Freilichtmuseum Klockenhagen zeigt das Leben an der Ostseeküste der vergangenen 300 Jahre (Mecklenburger Straße 57, www.freilichtmuseum-klockenhagen.de).

TOURISTINFORMATION, AM MARKT 14, 18311 RIBNITZ-DAMGARTEN, WWW. RIBNITZ-DAMGARTEN.DE

2 | GRAAL-MÜRITZ

Gekurt wurde in dem Ostseeheilbad, das 1938 aus dem Zusammenschluss der beiden Fischerorte Graal und Müritz entstand, schon vor 1900, 1992 bekam es seine Seebrücke. In Mai und Juni blühen über 2500 Büsche im Rhododendronpark. Ein temperiertes Meerwasserbecken und eine Saunalandschaft bietet das Aquadrom (Buchenkampweg 9, www.aquadrom.net).

Südlich und westlich von Graal-Müritz erstreckt sich die Rostocker Heide, ein großes Gebiet mit Mooren, alten Torfstichen und einem ausgedehnten Küstenwald. Am Südrand der Heide

liegt der Forst- und Köhlerhof Wiethagen. Hier erfährt man viel über alte Waldberufe. Es gibt einen Köhlershop und einen Märchengarten für Kinder (www.koehlerhof-wiethagen.de).

TOURISMUS- UND KUR-GMBH, ROSTOCKER STR. 3, 18181 OSTSEEHEILBAD GRAAL-MÜRITZ, WWW.GRAAL-MUERITZ.DE

3 | OSTSEEBAD WUSTROW

Ab 1880 wandelte sich Wustrow vom Fischerdörfchen zum Seebad, die Seebrücke wurde 1993 erbaut. In Barnstorf stehen auf einer Landzunge vier mittelalterliche rohrgedeckte Bauernhäuser; eines davon zeigt als Kunstscheune wechselnde Ausstellungen (Barnstorf 1, Tel. 038220/2 01, www.kunstscheune-barnstorf.de).

Höhepunkt im Wustrower Festkalender ist die Zeesenboot-Regatta, die am ersten Juli beginnt.

KURVERWALTUNG, ERNST-THÄLMANN-STRASSE 11, 18347 OSTSEEBAD WUSTROW, WWW.OSTSEEBAD-WUSTROW.DE

4 | AHRENSHOOP

Um 1900 wurde Ahrenshoop als Künstlerkolonie bekannt. Seither steht hier alles hoch im Kurs, was mit Kunst zu tun hat. Malerisch zeigt sich bereits das Ortsbild mit reetgedeckten Häusern, blumenreichen Gärten und kleinen Gassen. Das Kunstmuseum präsentiert Werke der Koloniegründer und hochkarätige Wechselausstellungen (Weg zum Hohen Ufer 36, www.kunstmuseum-ahrenshoop.de). Andenken, schöne Postkarten u. v. m. ergattert man in der Bunten Stube

Ganz oben: Kraniche im Nationalpark. Oben: Freilichtmuseum Klockenhagen.

Top 5

Nicht verpassen

1 AHRENSHOOP
Die Künstlerkolonie Ahrenshoop bietet heute unzählige Galerien und das Kunstmuseum.

2 DARSSER WESTSTRAND
Der 14 km lange, wilde und abgeschiedene Strand hinter dem Darßwald ist einer der schönsten Strände Europas.

3 BORN
An der Boddenseite der Halbinsel Darß liegt der kleine Ort mit seinen Schifferhäusern, dem Hafen und der Fischerkirche.

4 KRANICHE BEOBACHTEN
Von der Halbinsel Zingst aus lassen sich die Kranichschwärme beobachten, die in März und Oktober im Bodden rasten.

5 BERNSTEIN
Das „Gold des Nordens" ist im Deutschen Bernsteinmuseum im Kloster Ribnitz in allen Varianten zu bestaunen.

(Dorfstraße 24, www.bunte-stube.de). Von Ahrenshoop führt ein Wanderweg stets an der Kliffkante entlang über den Bakelberg nach Wustrow (5 km).

KURVERWALTUNG, KIRCHNERSGANG 2, 18347 OSTSEEBAD AHRENSHOOP, WWW.OSTSEEBAD-AHRENSHOOP.DE

5 | PREROW

Alte Kapitänshäuser, ein herausragender, 80 m breiter Sandstrand und die Nähe zum Darßwald zeichnen Prerow aus. Außerdem zieren eine Seebrücke (1993) und eine Seemannskirche von 1728, in der Votivschiffe an das alte Gewerbe erinnern, das alte Fischerdorf. Rund um Botanik, Geologie und Ornithologie informiert das Darß-Museum (Waldstraße 48).

Den Darßer Urwald erkundet man am besten mit dem Rad (Fahrradvermietungen www.fischland-darss-zingst.de). Das Natureum liegt unmittelbar am Leuchtturm Darßer Ort (1848); es zeigt Ausstellungen zur Küstendynamik (www.natureum-darss.de). Das Nationalpark- und Gästezentrum Darßer Arche informiert über die Lebensräume im Nationalpark Vorpommersche Boddenlandschaft und veranstaltet Exkursionen (Bliesenrader

Weg 2, Wieck, www.darsser-arche.de).

KUR- UND TOURISMUSBETRIEB, GEMEINDEPLATZ 1, 18375 OSTSEEBAD PREROW, WWW.OSTSEEBAD-PREROW.DE

6 | ZINGST

Ab 1881 wandelte sich das Fischerdorf zum Ostseebad. Heute ist Zingst das touristische Zentrum der Gegend. Meer und Bodden kommen sich hier recht nah. Das Museum Zingst informiert über die Ortsgeschichte, stellt die Werke örtlicher Künstler aus und zeigt beeindruckende Schiffsmodelle (Strandstr. 1, www.museum-zingst.de). Im Experimentarium lernen Kinder interaktiv allerhand über Wissenschaft und Technik (Seestraße 76, www.experimentarium-zingst.de).

Südlich des Boddens liegt das Städtchen Barth. Es beansprucht – wie Zinnowitz –, das wahre Vineta zu sein. Das Vineta-Museum informiert über den Mythos der sagenhaften Stadt (Lange Straße 16, www.vineta-museum.de).

KUR- UND TOURISMUS-GMBH, SEESTRASSE 57, 18374 OSTSEEHEILBAD ZINGST, WWW.ZINGST.DE

BARTH INFORMATION, MARKT 3/4, 18356 BARTH, WWW.STADT-BARTH.DE

Rügen, Hiddensee, Stralsund

Atemberaubend schöne Küstenabschnitte, flache Strände, stille Buchten, Kreideklippen – Rügen ist einfach wunderbar! Eher verwunschen dagegen das autofreie Hiddensee, prächtig das mittelalterliche Stralsund.

Im Nationalpark Jasmund: weiße Felsen, grüne Buchen, blaues Meer.

INSELZAUBER

Rügen, Deutschlands mit Abstand größte Insel, ist mittlerweile das beliebteste Ziel an der Ostseeküste: ideal für einen Sommerurlaub, für Naturbeobachtungen und als Ort der Inspiration. Die Dichte an atemberaubend schönen Küstenabschnitten ist hier so groß wie nirgends sonst. Auf der Insel gibt es verwunschene Dörfer mit Kopfsteinpflaster und Seebäder im Urlaubsrausch. Und, trotz Rügens Größe: Inselfeeling.

Die längste Autobrücke Deutschlands verbindet die Insel mit dem Festland. Nach 4,1 km über den Strelasund ist Rügen im Handumdrehen erreicht und die Versuchung groß, auf der Bundesstraße 96 rasch der bevorzugten Ostküste entgegenzubrausen. Doch viel schöner und angenehmer reist es sich durchs Hinterland. Dichtbelaubte Alleen durchziehen eine friedvolle Landschaft aus rapsgelben, getreidegrünen Feldern und lockeren Baumgruppen. Immer wieder ziehen Vogelschwärme über den Sommerhimmel, Rosen und Holunder blühen, kaum eine Menschenseele ist zu sehen.

Die Namen vieler Dörfer – Poseritz, Swantow, Krasnewitz – gehen auf die slawische Urbevölkerung zurück, die Ranen. Am Kap Arkona, der Nordspitze der Insel, stand ihr wichtigstes Heiligtum, die dem vierköpfigen Gott Svantevit geweihte Jaromarsburg. Ab Putbus verdichtet sich der Verkehr. Die ehemalige Residenz von Fürst Malte I. gehört mit ihren schneeweißen klassizistischen Bauten zu den Juwelen Rügens.

MÄCHTIGE FINDLINGE

Weiter ostwärts führt der Weg nach Lancken-Granitz. Abseits des Ortes stehen sieben Großsteingräber aus der Jungsteinzeit: mächtige Findlinge, sorgsam zu einem Rechteck gruppiert und mit einem Deckstein versehen. Solche Anlagen türmten die ersten Ackerbauern und Viehzüchter vor rund 5000 Jahren auf. Egal, wo sich Zeugnisse solchen Totengedenkens an der Nord- und Ostseeküste finden – immer sind es besondere Orte. Abseits der Dörfer im Wald oder im Feld gelegen, oft idyllisch von Weißdorn, Holunder und alten Eichen gerahmt, ranken sich viele Sagen um die „Hünengräber", die von Riesen oder gar dem Teufel selbst erbaut sein sollen. Sicher ist: Die Steinzeitmenschen müssen große Mühe auf sich genommen haben, um diese Anlagen zu errichten. Ihren Toten gaben sie Bernsteinschmuck, Feuersteinbeile und Tongefäße mit in die Ewigkeit.

Blick auf Binz' Strandpromenade in der Abendsonne.

RÜGENS KREIDEFELSEN

Der große Maler der Romantik, Caspar David Friedrich, hat Rügens Kreidefelsen unsterblich gemacht und Rügens Tourismusindustrie das beliebteste Motiv geliefert. Am imposantesten zeigen sich die Kreidefelsen vom Meer oder vom Strand aus.

Vor Ort im Nationalpark Jasmund führt ein Hochuferweg oberhalb der Kreidefelsen entlang. Dann und wann eröffnen Aussichtspunkte einen schmalen Blick auf die Steilküste, aber die optische Wucht der Kreidefelsen lässt sich so nicht erfahren. Zumal die Streckenführung die Kante meidet. Aus gutem Grund: Die Felsen sind keineswegs ein sicherer Halt. Aus dem Landesinneren baut eiszeitliches Gestein Druck auf den Inselschild auf, von der Gegenseite greift die Ostsee unablässig an. Immer wieder brechen kleine Brocken und ganze Schollen ab, und das in zum Teil beträchtlichen Mengen. So stürzten beispielsweise im Februar 2005 die beiden Hauptzinnen der berühmten Wissower Klinken ins Meer – 50 000 Kubikmeter Kreide versanken in der See, und eines der beliebtesten Postkartenmotive war unwiderruflich dahin. Dennoch sind sie nach wie vor ein beliebtes Ausflugsziel.

PRORAS BLINDE FENSTER

„Kraft durch Freude" versprach die nationalsozialistische Gemeinschaft KdF. Sie organisierte Ferienaufenthalte, damit sich das deutsche Volk an den schönsten Stellen des Landes erholen konnte. Auf Rügen hatte das bis heute sichtbare Folgen. In Prora zwischen Binz und Sassnitz erbaute die KdF die gewaltigste Bettenburg für Touristen, die die Welt bis dahin gesehen hatte: einen 4,5 km langen Gebäudekomplex als Urlaubsdomizil für 20 000 Menschen. Der erste Spatenstich erfolgte 1936. Doch der Zweite Weltkrieg stoppte die Arbeiten, der „Koloss von Prora" blieb unvollendet. Im Krieg dienten die notdürftig bewohnbar gemachten Bettenhäuser als Unterkunft für NS-Nachrichtenhelferinnen. Nach dem Krieg zogen erst Flüchtlinge, dann die sowjetische Armee und schließlich die Nationale Volksarmee der DDR ein.

Nach der Wende war der „Koloss von Prora" lange Zeit ein heruntergekommen wirkender Ort. Erst seit Mitte der 2000er-Jahre werden nach und nach Gebäudeteile veräußert und als Ferienwohnungen saniert. Allmählich hat Normalität Einzug gehalten in Prora, das heute ein Stadtteil von Binz ist und die Ernennung zum Ostseebad

Oben: Strand auf der Halbinsel Wittow im Norden Rügens.

anstrebt. Auf dem Parkplatz werden Würstchen, Waffeln und Eis verkauft. Am nahen Strand sonnen sich Badegäste im weißen Ostseesand und genießen den unverstellten Blick aufs Meer.

Über den Wipfeln

Das Naturerbe-Zentrum Rügen liegt in einem hügeligen Waldgebiet bei Prora. Highlight ist der Aussichtsturm des Baumwipfelpfads, der einem Adlerhorst nachempfunden ist. Der Standort wurde bewusst gewählt, denn hier liegen die drei Ökosysteme Wald, Offenland und Feuchtgebiet unmittelbar nebeneinander. Der Baumwipfelpfad führt durch einen uralten Buchenwald und informiert über Natur und Umwelt. Höhepunkt ist der zentrale Aussichtsturm, der eine Buche umschließt, die irgendwann einmal so groß sein wird, dass sie die Aussichtsplattform des Adlerhorsts überragt. Spiralförmig schraubt man sich auf der 600 m langen Rampe mit leichter Steigung 40 m in die Höhe und erreicht so die Plattform. Mit etwas Glück sieht man einen Seeadler über dem Bodden und den Wäldern kreisen.

BINZ LEUCHTET

Rügens berühmteste Badeorte sind Göhren, Sellin und Binz. Sellin besitzt die schönste Seebrücke von allen, Göhren beeindruckt mit seiner malerischen Lage, und in Binz gerät man ins Träumen, so wunderbar wirken die Villen der Bäderarchitektur. Schneeweiß getüncht, mit allerliebsten Erkerchen versehen und filigranen Balustraden, zart wie die Spitzenhandschuhe älterer Damen. Auch der Sandstrand ist so weiß wie Möwengefieder, die Promenade fein gepflegt, das Publikum – unabhängig vom Wetter – sonnigen Gemüts. Rügen scheint einen magischen Zauber zu entfalten.

Gleich nach dem Fall der Mauer strömten Westdeutsche in Scharen auf die Insel und verursachten einen Kollaps. „Binz ist ausgebucht – Urlauber nehmen alles!", skandierte die Presse. „Kein Zimmer mehr zu bekommen. Auf Rügen geht nichts mehr", ließen die Zeitungen zudem wissen, meldeten „gemischte Gefühle bei den Einheimischen" angesichts dieses Tourismusbooms. Man fing sich aber schnell.

Charakteristische Zutat aller Ostseeküstenorte sind die Seebrücken. Ursprünglich gebaut, damit trotz der flachen Küste größere Schiffe so nah wie möglich an die Seebäder heranfahren konnten, entwickelten sich die Holzstege rasch zu

Oben: Ein Wahrzeichen Rügens: die Selliner Seebrücke. Rechts: Abendstimmung auf Hiddensee.

beliebten Flaniermeilen. So wird verständlich, warum sich Binz seine Dampferanlegestelle nicht nehmen lassen durfte: Im Jahr 1902 wurde die erste erbaut, drei Jahre später durch einen Orkan zerstört und gleich wieder aufgebaut, 1942 vom Ostseeeis zermahlen, 1994 wieder erbaut. Nun führt sie 370 m weit hinaus ins Meer.

Eine Tragödie ereignete sich am 28. Juli 1912. Gut 1000 Gäste drängten, einen Marinekreuzer zu bestaunen und die Ankunft des Dampfers „Kronprinz Wilhelm" mitzuerleben. Kaum waren dessen Fahrgäste ausgestiegen, brach ein Teil der Brücke ein. Über 70 Menschen stürzten in die Ostsee. Vor gut 100 Jahren konnten die wenigsten schwimmen. Auch trugen viele Damen wallende Kleider – das Verhängnis nahm seinen Lauf. Kaum jemand konnte helfen, nur sehr Verwegene wagten sich in die See, um die panisch um sich Schlagenden ans sichere Ufer zu ziehen. 16 Menschen ertranken. Ein Schock für Binz, für Rügen; ganz Deutschland nahm Anteil. Wir brauchen ausgebildete Rettungsschwimmer, schwor man sich daraufhin und gründete in Leipzig die „Deutsche Lebens-Rettungs-Gesellschaft" (DLRG).

WELT OHNE AUTOS

Eine Welt ohne Autos ist möglich: zumindest auf den 19 Quadratkilometern der Insel Hiddensee. Zwischen den Dörfern Kloster, Vitte, Neuendorf

und Grieben bewegt man sich mit der Pferdekutsche, zu Fuß oder mit dem Fahrrad fort. Kaum hat die Morgenfähre die ersten Tagesbesucher gebracht, füllen sich die Wege hinauf zum Dornbusch, an die Strände und zum Gerhart-Hauptmann-Haus. Am Abend strömt alles zurück zu Fähre und Festland, die Insel sinkt wieder in klösterliche Ruhe. Rehe durchstreifen ohne Scheu die Vorgärten und knabbern an Ziersträuchern und Salat. In diese paradiesische Idylle schleicht sich regelmäßig das Chaos ein, das der Tourismus mit sich bringt.

Damit die Gäste ihr Gepäck transportieren können, stellt jedes Hotel an den Fährhäfen eine kleine Zahl von Handkarren bereit. Man schnappt sich den hoteleigenen Karren und zieht seine Koffer zum Gasthof. Das funktioniert meist erstaunlich gut. Nur manchmal gerät das System durcheinander. Was nach Kloster gehört, ist plötzlich in Vitte; hier gehen die Karren aus, während sie dort den Hafen verstopfen. Dann sind die Hausmeister der Hotels gefragt und bringen wieder Ordnung in das Karrenchaos.

AM INSELBLICK

Auf dem Dornbusch, einem gut 70 m hohen Hügel an der Nordspitze von Hiddensee: Vom „Inselblick" aus hat man freie Sicht bis tief in den Süden, weit hinweg über den schlanken Inselleib.

Tagsüber ist der Leuchtturm Dornbusch auf Hiddensee ein beliebtes Ausflugsziel, nachts strahlt sein Licht 45 km weit auf die Ostsee hinaus.

Rechterhand wühlt die Ostsee eine Bucht ins Land, zur Linken glitzern die Boddengewässer. Inselmittig dehnen sich Grünzüge, Wiesen und Heiden aus. Die rohrgedeckten Häuser sind mehr zu erahnen als zu sehen, nur der Wind tönt, und über allem spannt sich ein übergroßer Sommerhimmel mit weißen Wolkentürmen.

„So etwas Schönes hab' ich meiner Lebtag' noch nicht gesehen", murmelt ein Tourist aus Österreich, obwohl es seinem Heimatland ja nun auch nicht an grandiosen Landschaften mangelt. Das Hohelied auf diese kleine Insel wird von vielen gesungen, egal, ob sie nun die landschaftliche Schönheit preisen und die balsamische Ruhe, die Freiheit, die das Meer verspricht, die klare Luft, die den Kopf freimacht und allen Ballast vertreibt.

DIE AXT REGIERT

Als heile Welt stellte sich Hiddensee allerdings nicht durchgängig dar. Ab dem 14. Jh. legten die Inselbewohner die Axt an ihren Wald, um das Holz für den Kloster-, Haus- und Schiffbau zu gewinnen. Mitten im Dreißigjährigen Krieg ließ Dänenkönig Christian IV. die stärksten und schönsten der Bäume auf Hiddensee fällen und nach Kopenhagen transportieren. Das rief seinen Kontrahenten Wallenstein auf den Plan. Solch einen Holzraub wollte der Feldherr künftig unterbinden und ließ sämtliche Wälder vernichten, alle Eichen, Buchen und Kiefern auf dem Dornbusch, alle Erlen im südlichen Inselteil, sogar das Gebüsch musste weichen. Das Gesicht der Insel hat sich seither verändert.

Heute stehen vor allem rund um den Leuchtturm noch Bäume, ein Saum von Kiefern schützt den Dünenwall. Neue Naturschönheiten haben sich entwickelt: etwa die Dünenheide, eine baumlose Steppe in der Inselmitte, die unter Naturschutz steht. Hier wachsen Besenheide, Stranddistel und Krähenbeere, auch seltene Schmetterlinge wie der Argus-Bläuling kommen hier noch vor, Neuntöter und die gefährdete Heide-Lerche.

BLICK NACH MØN

„Man sieht von Hiddensee aus die Insel Møn!" Das klang zu DDR-Zeiten wie eine Beschwörungsformel. Und nicht, weil die dänische Insel wie

Die Welt der nördlichen Meere im strahlend weißen Ozeaneum, daneben backsteinfarbene Speichergebäude.

Rügen so schöne Kreidefelsen besitzt. Vielmehr lag dort die Freiheit – und zwar in erreichbarer Nähe. Mit Segel-, Motor- und Paddelbooten, auf Surfbrettern oder schwimmend versuchten ungezählte „Republikflüchtlinge" von Hiddensee aus Møn zu erreichen. Von etlichen hat man nie wieder etwas gehört. Von anderen sind übermenschliche Leistungen bekannt. So schwamm ein ganz wagemutiger Sportler in 25 Stunden von Kühlungsborn nach Fehmarn. Wie viele Orte der Ostseeküste wurde Hiddensee zur Durchgangsstation vieler Verzweifelter. Lutz Seiler, ein im thüringischen Gera-Langenberg aufgewachsener Autor, der im Sommer 1989 als Saisonkraft auf der Insel gearbeitet hat, setzte ihnen in seinem Roman „Kruso" ein Denkmal, das mit dem Deutschen Buchpreis ausgezeichnet wurde.

PERLEN DER HANSE

Von Rügen kommend, sticht am Festland bereits vom Meer aus die Skyline der alten Hansestadt Stralsund hervor, an der sich einst viele Seeleute orientierten: rechts die Nikolaikirche, links die monumentale Kirche St. Marien und in der Mitte St. Jakobi, deren Turmspitze von vier kleinen Türmchen flankiert wird. Wichtigste Zutat des 20. Jhs. zu dieser Kulisse sind die Werften, die im Osten Landmarken setzten.

Das Wahrzeichen der Stadt ist und bleibt allerdings das Backsteinrathaus aus dem 13./14. Jh. mit seinem Schaugiebel aus schmalen, spitzen Pfeilern und Rosetten, Durchbrüchen und getreppten Giebeln. Fast fühlt man sich an ein Spitzentüchlein erinnert, in Backstein übersetzt. Nicht weniger filigran der Schaugiebel des

Die rohrgedeckten Häuser sind mehr zu erahnen als zu sehen, nur der Wind tönt, und über allem spannt sich ein übergroßer Sommerhimmel mit weißen Wolkentürmen.

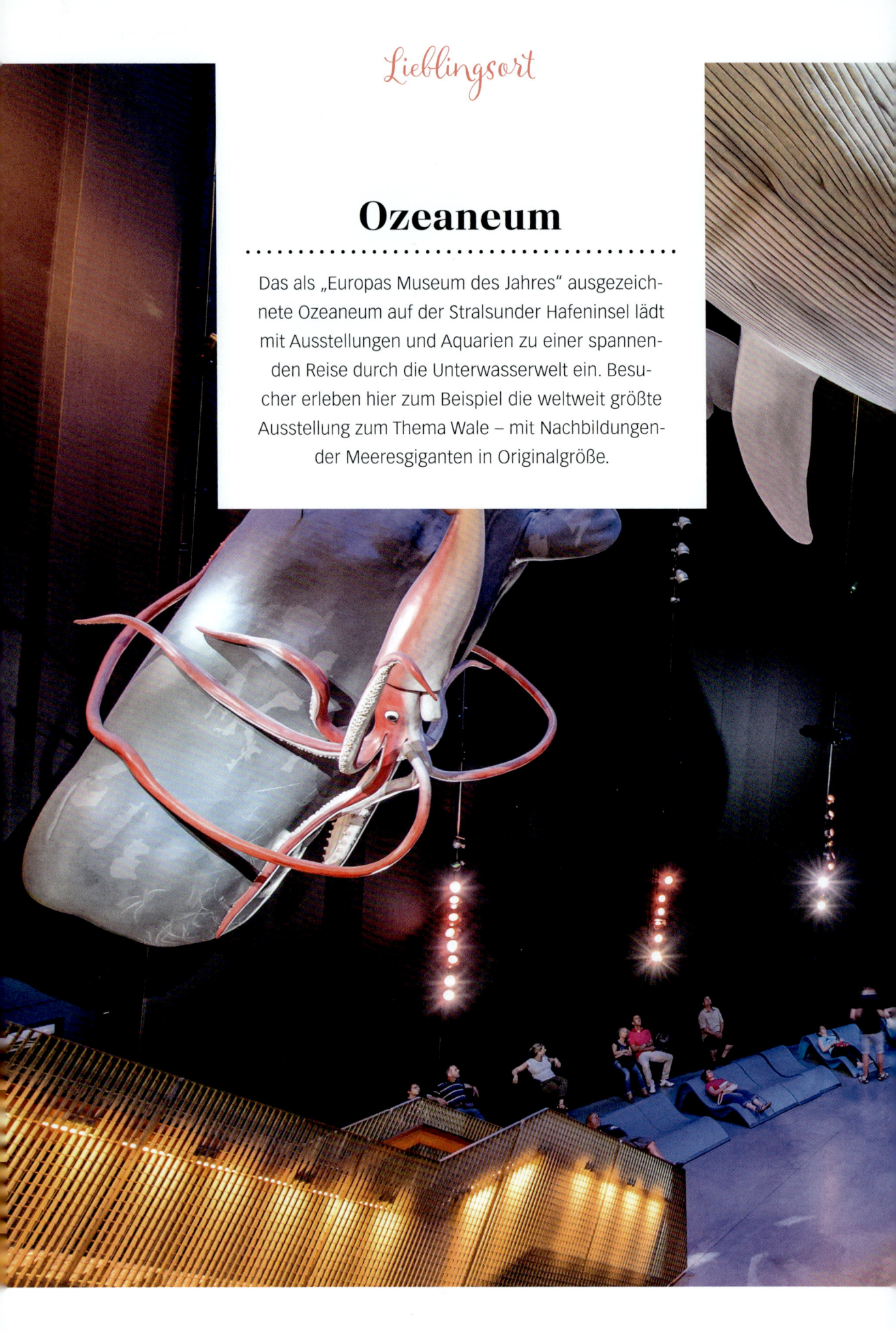

Ozeaneum

Das als „Europas Museum des Jahres" ausgezeichnete Ozeaneum auf der Stralsunder Hafeninsel lädt mit Ausstellungen und Aquarien zu einer spannenden Reise durch die Unterwasserwelt ein. Besucher erleben hier zum Beispiel die weltweit größte Ausstellung zum Thema Wale – mit Nachbildungen der Meeresgiganten in Originalgröße.

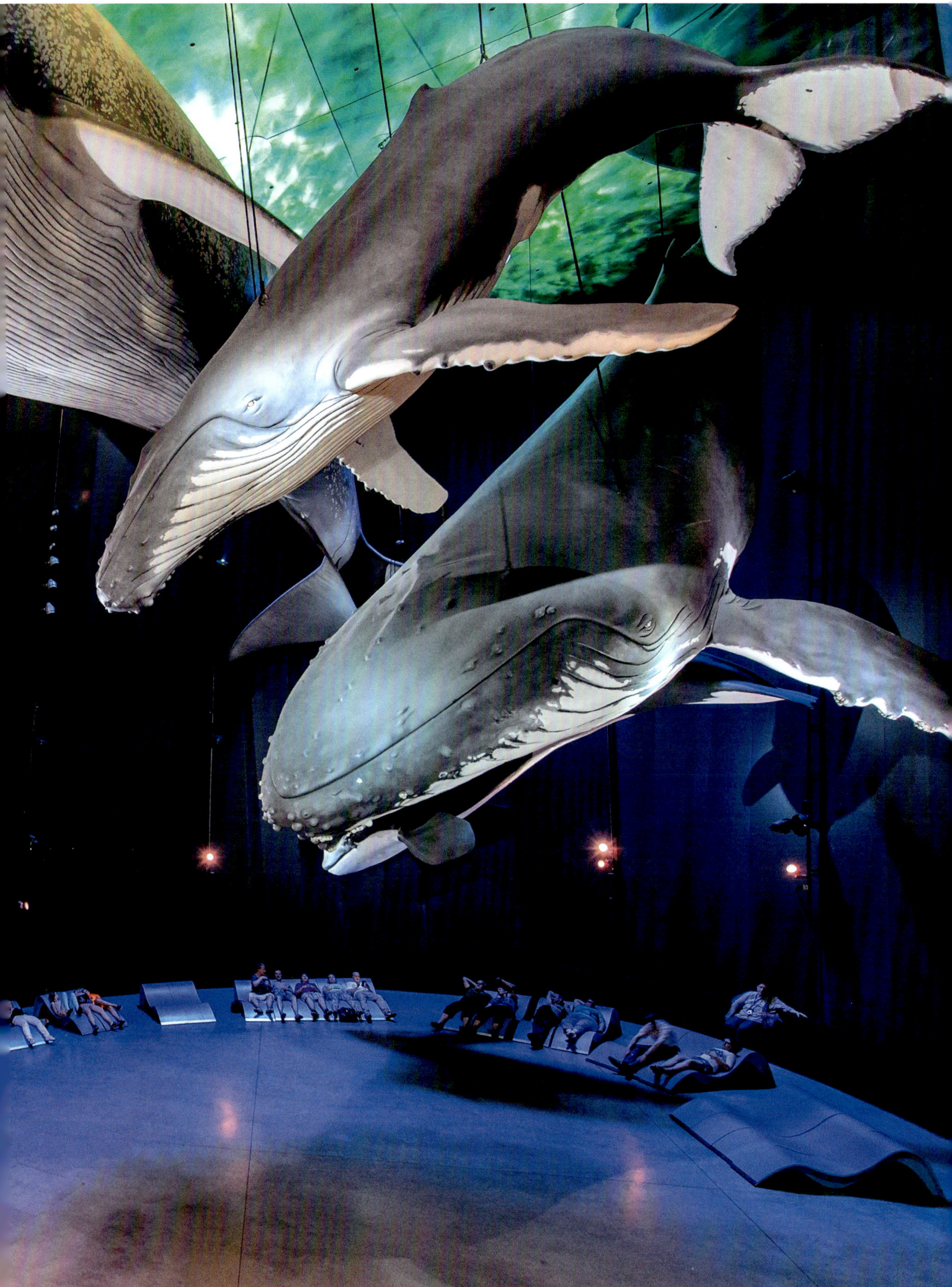

Links: Das Stralsunder Rathaus in wunderschöner Backsteingotik. Oben: Am Jachthafen.

Wulflamhauses gleich gegenüber. Bertram Wulflam, langjähriger Bürgermeister, geschickter Diplomat und schwerreicher Tuchhändler, erbaute es im Jahr 1358. Vom Fenster aus sah er auf die Buden der Bäcker, Schuster, Krämer, Schneider und Pelzer, um die sich die kauflustige Kundschaft von weither drängte. Heute beginnen am Alten Markt die Touristen, sich durch die Gassen treiben zu lassen, um dort die Backsteingotik zu bewundern und ein wenig Hanseflair zu schnuppern.

Vom gut gesicherten Hafen Stralsunds aus stachen einst dickbauchige Koggen der Hanse in See, um im Ostseeraum und darüber hinaus Handel zu treiben. Aus den Wäldern Nordrusslands, aus Persien und später aus China bezogen die Kaufleute Getreide und Holz, Bienenwachs und feinste Pelze. Im Gegenzug lieferten sie Tuche, Waffen, Gewürze und Wein. Der Ostseeraum galt als Kernland der Hanse – und Stralsund nach Lübeck als bedeutendste Hansestadt am Binnenmeer. Die ungeheuren Summen, die die „Pfeffersäcke" verdienten, investierten sie auch zur Ehre

Gottes – beispielsweise in Stralsunds mächtige Kirchen, die an Schönheit, Ausstattung und Größe ihresgleichen suchen.

SILBER DES MEERES

Der frühe Vormittag ist die beste Zeit für einen Hafenbesuch. Dann liegen die Stralsunder Fischkutter wieder am Pier. Schweigsame Männer mit rissigen Händen und wettergegerbten Gesichtern sortieren, was ihnen in Stellnetz oder Reuse ging: Hering, Dorsch (auch Kabeljau genannt), Zander, Barsch und sich noch windender Aal. Auf der Kaimauer steht ein grober Tisch, wo ihre Frauen in Gummischürzen den Fang ausnehmen und verkaufen. Die rußig-schwarzen Räucheröfen sind angeheizt, sorgsam nebeneinander aufgereiht hängen die Fische im offenen Rauch. Schon zum Frühstück verspeist man hier Fischbrötchen.

Zwischen zwei Brötchenhälften bleibt von der Schönheit eines Herings nicht viel übrig. Nur unter Wasser schillert und glänzt er in allen Farben von purpur bis grünlichblaugrau. Sammeln sich Hunderte, Tausende im Schwarm, wirkt die-

Links: Klosterhäuschen-Gasse in Stralsund. Oben: Die Ruinen des spätmittelalterlichen Klosters.

ser wie flüssiges Silber, eine lebendige Masse aus Leibern, die sich in vollkommenem Gleichklang bewegt. Im Stralsunder Ozeaneum haben sie das „Silber des Meeres" eingefangen und einem Heringsschwarm ein riesiges Schaubecken gegeben. Insgesamt beherbergt das Haus rund 50 zum Teil riesige Aquarien, in denen sich keine Exoten, sondern Meeresgetier der Nord- und Ostsee und aus dem Polarmeer tummeln. Fasziniert bestaunen die Besucher die Welt der Dorsche, Flundern und Lippfische. Petermännchen wühlen sich in den Sand des Wattenmeerbeckens. Der 2,5 m lange Sandtigerhai zieht im Schwarmfischbecken seine Bahnen. Und im Zeitlupentempo bewegen sich zarte Ohrenquallen durch ihr Becken. Sie gehören zu den heikelsten Schützlingen des Ozeaneums, ihre Wasserwelt muss in ständiger Bewegung gehalten werden. Auch Kaltwasserkorallen werden in eigens dafür gebauten Aquarien gezeigt.

GEBURT DER ROMANTIK

Pommern ist die Wiege der romantischen Malerei in Deutschland, zwei ihrer wichtigsten Vertreter sind hier geboren: Caspar David Friedrich (1774–1840) in Greifswald, neben Stralsund die zweite hanseatische Perle der Region, und Philipp Otto Runge (1777–1810) im nahen Wolgast. Friedrich ist der weit populärere, seine Kreidefelsen auf Rügen und die (mit sechs weiteren Werken des Malers in der Greifswalder Gemäldegalerie zu sehende) „Ruine Eldena im Riesengebirge" kennt quasi jedes Kind. Einsamkeit, Melancholie, das Ausgesetztsein in einer zweifelhaften Welt sprechen aus diesen Bildern. Das Schicksal hat es mit dem Sohn eines Seifensieders nicht gut gemeint. Mal lobten die Kritiker seine Werke überschwänglich und der Geldstrom floss, mal folgte der Verriss. Friedrich galt als menschenscheu und starb verarmt mit 64 Jahren in seiner Wahlheimat Dresden.

Im Stralsunder Ozeaneum haben sie das „Silber des Meeres" eingefangen und einem Heringsschwarm ein riesiges Schaubecken gegeben.

Infos & Empfehlungen

1 | HIDDENSEE

Gerade mal 1000 Einw. leben in den vier Dörfern, doch während der Saison ergießt sich ein Meer von Tagesgästen über die Insel. In Kloster kann Gerhart Hauptmanns Haus Seedorn besichtigt werden (Gerhart-Hauptmann-Haus, Kirchweg 13, www.hauptmannhaus. de), im Heimatmuseum der „Hiddenseer Goldschmuck" aus der Wikingerzeit, 1872 auf der Insel gefunden (Kloster, Kirchweg 1, www.heimat museum-hiddensee de). Ein Muss ist hier der Aufstieg zum Leuchtturm Dornbusch (1888, 28 m), auf dem südlichen Inselzipfel hat man die Strände für sich.

INSEL INFORMATION, ACHTERN DIEK 18 A, 18565 VITTE, WWW.SEEBAD-HIDDENSEE.DE

2 | SASSNITZ

Die Stadthafenbrücke in Sassnitz bietet eine erstklassige Aussicht auf Meer und Stadthafen. Über die Ostmole ist rasch der Leuchtturm (1903) erreicht. Romantik verströmt der alte Stadtkern mit seinen winzigen Gassen. Das Fischerei- und Hafenmuseum zeigt, was zum Fischen nötig ist; gegenüber liegt der Museumsfischkutter „Havel" (Im Stadthafen, www.hafenmuseum. de) und ein paar Schritte weiter kann man sich durch die Enge eines britischen U-Boots der Oberon-Klasse drängen (Hafenstraße 18, www.hms-otus.com).

Eine Erkundung der Kreidefelsen beginnt man am Nationalparkzentrum Königsstuhl. Im Kreidemuseum Rügen (8 km westl.) dreht sich alles um das „Weiße Gold" der Region (Sagard, Gummanz 3a, www.kreidemuseum.de)

TOURIST-SERVICE, STRANDPROMENADE 12, AM STADTHAFEN, 18546 SASSNITZ, WWW.INSASSNITZ.DE

3 | BINZ

Hingucker im größten Urlaubsort auf Rügen mit 5 km langem Strand sind die schneeweißen Villen im Stil filigraner Bäderarchitektur. Die Seebrücke wirkt fast bescheiden neben dem wuchtigen Jugendstilbau des Kurhauses (1908; heute Hotel).

6 km nördlich liegt das Naturerbe-Zentrum Rügen mit Baumwipfelpfad (Forsthaus Prora 1, www.nezr.de).

HAUS DES GASTES AN DER SEEBRÜCKE, 18609 OSTSEEBAD BINZ, WWW.OSTSEE BAD-BINZ.DE

4 | SELLIN

Vor der Halbinsel Mönchgut liegt das mit einem sehr sauberen Stück Meer gesegnete Sellin. Die Seebrücke spiegelt die Zeit der Kaiserbäder. Mit einer Tauchgondel lässt sich die See in 4 m Tiefe erkunden (www. tauchgon del.de). Ostsee zu kalt? Dann ab in die Ahoi Rügen Bade- und Erlebniswelt (Badstr. 1, www.ahoi-ruegen.de).

INFORMATION KURVERWALTUNG SELLIN, WARMBADSTRASSE 4, 18586 OSTSEEBAD SELLIN, WWW.OSTSEE BAD-SELLIN.DE

5 | PUTBUS

Seine klassizistischen Bauten trugen Putbus den Namen „Weiße Stadt" ein. Der ehem. Marstall (1821–1824) ist Veranstaltungsort der Festspiele Mecklenburg-Vorpommern. Eine Lindenallee führt ins 3 km entfernte Städtchen Lauterbach. Hier laufen Ausflugsschiffe zur Insel Vilm aus (Reederei Lenz, www.vilmexkursion.de).

KURVERWALTUNG, ORANGERIE, ALLEE-STRASSE 2, 18581 PUTBUS, WWW. RUEGEN-PUTBUS.DE

6 | BERGEN

Die St.-Marien-Kirche (urspr. 1180) in Rügens größtem Ort gilt als älteste der Insel; eindrucksvoll sind die romanischen Wandmalereien. Einen Schwerpunkt auf die Vorgeschichte Rügens legt das Stadtmuseum im 1945 aufge-lösten Zisterzienserinnenkloster (Billrothstraße 20a). Am Stadtrand erhebt sich der Rugard, eine slawische Wallanlage (8./9. Jh.). Der dortige Ernst-Moritz-Arndt-Turm bietet gute Aussicht (Rugardweg 10).

TOURIST-INFORMATION, MARKT 23, 18528 BERGEN AUF RÜGEN, WWW. STADT-BERGEN-AUF-RUEGEN.DE

7 | STRALSUND

In der Altstadt von Stralsund gibt es heute mehr als 800 denkmalgeschützte Häuser, die meisten davon sind saniert. Vom Turm der St.-Marien-Kirche bietet sich ein weiter Blick über die Altstadtinsel und die vorpommersche Inselwelt. Der Alte Markt bildet die Keimzelle der Stadt. Wahrzeichen Stralsunds ist das Rathaus, ein Meisterwerk der niederdeutschen Backsteingotik. Auch das Wulflamhaus (um 1350) besitzt eine reich verzierte Fassade. Ebenfalls am Alten Markt erhebt sich die wunderschöne mittelalterliche St.-Nikolai-Kirche, benannt nach dem Schutzpatron der Seefahrer.

Im Hafen liegt das Segelschulschiff Gorch Fock I. (http://gorchfock1.de). Vom Backsteinbau des Lotsenhauses genießt man den besten Blick über den Strelasund. Im Heilgeistkloster (das nie ein Kloster war) wurden früher Alte und Kranke gepflegt. Ältester Teil des Ensembles ist die Heilgeistkirche mit sehenswertem Kirchgang. Das Mitte des 13. Jh. gegründete Katharinenkloster bildet eine der größten und besterhaltenen Klosteranlagen im Ostseeraum. Heute wird der gesamte Komplex von Museen genutzt.

Mit spektakulärer Architektur präsentiert sich auf der Hafeninsel das Ozeaneum mit Ausstellungen zu Ostsee, Nordsee und Atlantik. (Hafenstr. 11, www.ozeaneum.de). Das Nautineum auf der Insel Dänholm informiert über Fischerei, Wal- und Meeresforschung (Zum Kleinen Dänholm, www. nautineum.de).

TOURISMUSZENTRALE DER HANSE-STADT STRALSUND, ALTER MARKT 9, 18439 STRALS

Nicht verpassen — Top 5

① KREIDEFELSEN
Rügens imposante Kreidefelsen wurden durch die Gemälde Caspar David Friedrichs weltberühmt.
S. 175, 188

② BINZ
Das größte Seebad Rügens punktet mit wunderbar verzierten Hotels und Villen im Stil der Bäderarchitektur.
S. 175, 177, 178, 188

③ HIDDENSEE
Vom Dornbusch, einem Hügel an der Nordspitze, hat man einen super Blick über die autofreie Insel Hiddensee.
S. 178, 180, 181, 188

④ HAFEN STRALSUND
Wer den Fischern bei der Arbeit zusehen möchte, kommt am frühen Vormittag in den Hafen und gönnt sich gleich mal ein Fischbrötchen.
S. 185, 189

⑤ OZEANEUM
Im gigantischen Stralsunder Aquarium ist auch ein ganzer Heringsschwarm in einem riesigen Schaubecken zu beobachten.
S. 182, 187, 189

Der „Koloss von Prora" (S. 175) entwickelt sich zum Ostseebad.

Usedom: Strände und Natur

Auf der „deutschen Sonneninsel" locken viele Kilometer Strand Badegäste, Bernsteinsucher und Spaziergänger. Die quirligen Seebäder stehen in Kontrast zur Idylle und unberührten Natur im Hinterland.

Oben: Strandkörbe und feinster Sand bei Sonnenaufgang. Rechts: Vom Weißen Berg auf der Halbinsel Gnitz fällt der Blick auf die Krumminer Wiek.

AUF DER SONNENSEITE DES LEBENS

Die Insel Usedom, deren östlicher Zipfel bereits zu Polen gehört, zählt zusammen mit Rügen zu den sonnenreichsten Gebieten Deutschlands. Und daraus lässt sich Kapital schlagen: Im 19. Jh. nahm hier der Bädertourismus Fahrt auf, es entstanden mondäne Seebäder wie Ahlbeck, Heringsdorf und Bansin, die inzwischen als „Kaiserbäder" beworben werden. Wer dem ganz großen Trubel wenig abgewinnen kann, findet seinen Traumstrand aber vielleicht eher in einem der „Bernsteinbäder" Ückeritz, Loddin, Kölpinsee, Zempin und Koserow oder aber in den „Inselbädern" Karlshagen, Zinnowitz und Trassenheide. Das unprätentiöse Hinterland dagegen lockt diejenigen an, die die perfekte Ruhe suchen. Kein Wunder, dass die Urlaubsgäste heute aus ganz Deutschland auf die Insel strömen – und das nicht nur im Sommer, sondern zu allen Jahreszeiten!

WIND UND WETTER

An der Küste ist manches anders: Wenn es im Hinterland regnet und die Wolken schwer über den Alleen und Feldern hängen, weht der Küstenwind häufig alle Schlechtwetterboten von den Stränden weg und schafft dem Sonnenschein

Platz. Die Statistiker schreiben Usedom regelmäßig Rekordwerte ins Stammbuch. In den Badeorten, allen voraus Zinnowitz, werden die meisten Sonnenstunden Deutschlands pro Jahr gezählt. Da stehen die Chancen gut, sommerliche Urlaubsbräune abzubekommen. „Goldene Zeiten" bringt aber auch der Herbst mit sich: Wer nach Bernstein suchen möchte, wird am ehesten an stürmischen Herbsttagen fündig, wenn der auflandige Wind das kalte Salzwasser weit den Strand hinaufgetrieben hat, sodass das fossile Harz dort angespült wird. Vielleicht ist ja sogar eine Urzeit-Mücke darin eingeschlossen? Im Winter allerdings kann es krachend kalt werden; in Rekordwintern schiebt die Ostsee gar meterhohe Eisschollen ans Ufer. Doch Strände im Schnee besitzen einen ganz eigenen Zauber. Ein Besuch zu dieser Zeit lohnt sich nicht nur für Fotografen!

Wasser, Wind und Eis haben Usedom mit diversen Küstenformen ausgestattet: Zur offenen See hin finden sich jederzeit vom Abrutschen bedrohte Steilküsten, aber auch dünengesäumte breite Sandstrände. Sanfte Flachküsten dagegen prägen die Szenerie etwa am Achterwasser. Die unterschiedlichen Küstenformen können auch auf engstem Raum vorkommen, was seinen eigenen

Boot und Reuse bei Kamminke
am Stettiner Haff.

Die Holländerwindmühle bei Benz im Achterland.

DIE GETEILTE INSEL

Apropos Landschaftsform: Es fehlt nicht viel, und Usedom wäre keine Insel mehr. Um den Peenestrom zu überbrücken, der die Insel vom Festland trennt, sind in Zecherin nur 325 m Brücke nötig, in Wolgast sogar nur 247 m – ein Katzensprung!

Eine lange, unüberwindliche Grenze hingegen tat sich nach dem Zweiten Weltkrieg auf. Die Siegermächte schlugen den Ostteil der Insel Polen zu – mitsamt Usedoms größter Stadt, die seit Beginn des 19. Jhs. als Seebad bekannt und beliebt war und in der später Kaiser Wilhelm II. regelmäßig logierte. Aus Swinemünde wurde Świnoujście. Mit dem Beitritt Polens zur Europäischen Union baute man den Grenzzaun ab, und seit 2007 kittet die mit 12 km längste Strandpromenade Europas die Trennung wieder, und zwar auf angenehmste Art: Die Promenade führt von Bansin bis in das polnische Seebad und ist dabei abschnittsweise von Cafés und Souvenirläden gesäumt, dann wieder von Wald, kommt mal als sorgfältig asphaltierte Flaniermeile daher, mal als sandiger Weg. Kleine Abstecher ermöglichen besondere Erlebnisse: So kann etwa der Tropenzoo Bansin besucht oder ein Segway ausgeliehen werden. Ob Spaziergänger, Sportler oder geschichtlich Interessierte – hier gibt es für jeden etwas zu entdecken.

Reiz hat: In der Inselmitte liegen sie teilweise nur wenige hundert Meter voneinander entfernt.

Die höchste Ostsee-Steilküste der Insel kann man in der Nähe von Koserow besteigen: Der hiesige Streckelsberg ist stolze 58 m hoch. Entstanden ist er während der letzten Eiszeit als Endmoräne; seitdem erodiert er stetig. Immer wieder kommt es vor, dass Kliffteile abbrechen und in Richtung Strand driften. Wer die Erhebung besteigt, hat einen herrlichen Ausblick von Jasmund im Westen bis Wollin im Osten. Irgendwo hier vor der Küste soll einer von vielen Legenden zufolge auch einst die Stadt Vineta gelegen haben. Beweise dafür gibt es indes nicht.

Vineta – „Atlantis der Ostsee"

Mehrere Geschichtsschreiber berichten von einer Stadt an der Odermündung, die Beziehungen bis nach Byzanz und China unterhalten habe. 1170 vermeldet ein Chronist, Dänen hätten den slawischen Handelsplatz Vineta, wo Dächer und Schweinetröge aus Gold gewesen seien, zerstört. Darüber hinaus schweigen die Quellen. Aber wenn es Vineta gab, müssten sich Reste finden lassen. Die Orte Zinnowitz und Barth pochen darauf, dass Vineta in ihrer Gegend gestanden hat und nutzen das Rätsel als zugkräftigen Hintergrund für kulturelle Veranstaltungen. Neuen Forschungen zufolge gab es einst aber noch einen Oderarm. Der ergoss sich am Barther Bodden ins Meer. Sollte also Barth die wahre Vineta-Stadt sein? Archäologische Untersuchungen stehen hier noch aus. In den 1930er- und 1950er-Jahren legten Forscher jedoch Handwerkerviertel, Häfen, Friedhöfe und zigtausend Fundstücke frei, die als Nachweis dafür gelten, dass hier im 10. bis 12. Jh. eine bedeutende Stadt existierte.

Gezähmte „Seeteufel" bei Ahlbeck. Mangels Hafen wird sie mit einem Traktor aus der Ostsee gezogen und am Strand vertäut.

Spürbar ist aber auch, dass gewisse gegenseitige Vorurteile von deutscher wie polnischer Seite fester betoniert zu sein scheinen als jede Grenzmauer. Mit deutsch-polnischen Festen und verschiedenen Kulturveranstaltungen versucht man inzwischen viel, um auch diese Spaltung zu überwinden.

SOMMER, SONNE, FKK

Das Nahtlos-Bräunen gehörte zu den festen Bestandteilen der DDR-Badekultur. Vor allem in den 1950er-Jahren boomte das textilfreie Baden an den Stränden der Ostsee. Auf Usedom gehörte damals fast der gesamte Strand auf 42 km Länge zur FFK-Zone. Das hat sich inzwischen deutlich geändert. Die Strände, an denen textilfreies Baden gestattet ist, sind in der Minderzahl und mit großen Schildern eigens ausgewiesen.

Ein Rückfall in die Frühzeit des Usedomer Bäderbetriebs ist freilich nicht zu erwarten. Im 19. Jh. pflegte man hier gut geschützt vor neugierigen Blicken von einem Badekarren aus in die Fluten zu steigen. Dass Männer und Frauen dabei getrennt planschten, verstand sich von selbst. Anfangs reisten sowieso nur der Adel und gut

betuchte Bürger in die aufstrebenden Badeorte Swinemünde, Heringsdorf, Ahlbeck, Zinnowitz und Bansin. Ab 1875 brachte die Bäderbahn von Berlin aus die preußische Hautevolee nonstop nach Usedom. Damit setzte ein wahrer Boom ein, der die vorpommersche Insel zur „Badewanne Berlins" machte. Villen im Stil der Bäderarchitektur verwandelten die einfachen Fischerdörfer in kurzer Zeit in Schmuckstücke. Man konnte hier von dieser Zeit an nicht nur baden, sondern auch stilvoll wohnen. Und diese einzigartige Kulisse genießt man noch heute.

Die Seebrücken, die von den Stränden aus wie Finger weit ins Meer hineinragen, prägen das Bild der Badeorte mit. Besonders die unverwechselbare historische Seebrücke von Ahlbeck mit ihrer über 100 Jahre alten Jugendstiluhr und ihren Türmchen ist zum Wahrzeichen geworden. Kein Wunder, vermittelt sie doch das Gefühl, auf dem Wasser zu laufen! Vom Anleger an ihrer Spitze brechen Passagierschiffe zu Ausflugsfahrten auf der Ostsee auf.

Etwas weniger feudal als Ahlbeck, Bansin und Heringsdorf kommen die anderen Seebäder weiter nordwestlich daher. Hier geht es ruhiger zu, fami-

Ahlbeck kann auf eine lange Seebädertradition zurückblicken und präsentiert stolz eine entsprechende Architektur.

lienfreundlicher, doch die Sandstrände stehen denen der „Kaiserbäder" in nichts nach. In Zinnowitz erwartet Besucher sogar ein Unterwassererlebnis – garantiert ohne Seekrankheit und ohne dass auch nur ein Zeh nass würde: Von der hiesigen Seebrücke können sich Interessierte in einer druckfesten, mit großen Fenstern ausgestatteten Tauchgondel ins Meer absenken lassen, 3-D-Film und Vortrag über die Tiefsee inklusive.

STILLE IDYLLE

Wem der turbulente Badetourismus an Usedoms Nordseite zu viel wird, der hat es nicht weit zu Ruhe und Abgeschiedenheit. Das Achterland, das Land hinter der Küste, nimmt flächenmäßig den größten Teil der Insel Usedom ein. Landzungen, Halbinseln und Buchten prägen hier die Landschaft. Wer seinen Urlaub gern in dörflicher Idylle, etwa in Ortschaften wie Stolpe, Dargen, Kamminke oder Pudagla, verbringen möchte, findet auch hier mittlerweile hübsche Feriendomizile. Während am Ostseestrand fröhliche Urlaubsstimmung herrscht, scheinen am Achterwasser und am Peenestrom die Uhren langsamer zu ticken. Die Strände hier sind weniger feinsandig als die Ostseestrände, der Untergrund ist vielerorts steinig. An den Ufern der flachen Gewässer breiten sich weite Schilfflächen aus; in Naturhäfen wie dem von Krummin laden kleine Restaurants zu einer Tasse Kaffee ein. Hier kann man in ein Kanu steigen und die Gegend von dort aus erkunden, segeln lernen oder andere Wassersportarten ausprobieren. Anders als die durchaus nicht ungefährliche Ostsee gibt sich das Achterwasser zahm, solange nicht Sturmfluten die schmalste Stelle Usedoms überwinden und eine

Hier kann man in ein Kanu steigen und die Gegend von dort aus erkunden, segeln lernen oder andere Wassersportarten ausprobieren.

Oben: Schon Lyonel Feininger malte die Holländermühle von Benz, Otto Niemeyer-Holstein sorgte später für ihren Erhalt. Rechts: Auch Heringsdorf zeigt schöne Bäderarchitektur.

Verbindung zum Meer schaffen. Hektische Aktivität ist trotz der Freizeitangebote nicht zu erwarten, und so kann man hier auch einfach den Tag an sich vorbeiziehen lassen, den schönen Blick auf den Sonnenuntergang inklusive.

Auf dem Festland nördlich von Anklam scheint die Landschaft vollends in einen Dornröschenschlaf zu sinken. Hier erstreckten sich weite Polderflächen, die wieder zurückgebaut werden. Die Pumpen, die einst die Wiesen entwässerten, stehen still; nach und nach dringt das Wasser wieder hinter den Deich.

REFUGIUM FÜR IDEALISTEN UND VÖGEL

Abstecher ins Hinterland gehören zu den schönsten Beschäftigungen an der hiesigen Küste. Um Lassan, die drittkleinste Stadt Mecklenburg-Vorpommerns, hat sich eine Künstler- und Sinnsucherkooperative namens „Kräuter, Kunst und Himmelsaugen" angesiedelt, versuchen Idealisten, ihre Träume zu verwirklichen. Eine davon ist Diana Wemter, die in Pinnow bei Murchin ihren eigenen kleinen Gasthof eröffnet und sich auf Wildschweinbraten spezialisiert hat. Akkurat

gepflegt zeigt sich hingegen der Friedhof der Dorfkirche von Bauer-Wehrland. Umringt von hüfthohen Zypressenhecken und somit gut geschützt vor dem immerwährenden Ostseewind blühen die Hortensien. Findlinge bilden den Sockel des Mauerwerks der Kirche, darüber türmt sich Backstein. Man fragt beim Küster nach dem Schlüssel, doch er lässt es sich nicht nehmen, St. Nikolai höchstpersönlich zu zeigen, und öffnet die Tür. Man plaudert über dies und das und erfährt vieles von den Alltagssorgen einer Generation, die in der DDR groß wurde und in der BRD altert. Der Bus wird teurer, die Läden sind weit weg und viele Junge fortgezogen, soziale Netzwerke zerbrochen.

Wieder draußen, zaust Pommerns Sommerwind das Haar. Kormorane und Möwen kreisen überm Wasser, kleine Boote schaukeln glucksend am Pier. Schön hier. Und mancherorts auch ein wenig einsam.

Das friedliche Hinterland ist damit nicht nur ein Rückzugsort für reizüberflutete Ruhesuchende, sondern auch ein wichtiges Refugium für Vögel. Die ausgedehnten Salzwiesen, überfluteten Polder

Links: Mit seinem Lilienthal-Museum erinnert Anklam an den Beginn der Fliegerei. Oben: Als hätte
der Maler die Staffelei eben erst verlassen: im Atelier von Otto Niemeyer-Holstein in Koserow.

und die Flachwasserzonen an Haff, Achterwasser und Peenestrom bilden ein attraktives Revier. Mit etwas Glück erspäht man sogar Seeadler. Sie brüten auf Usedom und auf der Insel Wollin. Weil sie weite Reviere durchstreifen, stehen die Chancen gut, die markanten Jäger auf ihren Flügen zu sehen. Das gesamte Mündungsgebiet der Oder bildet eine zentrale Landmarke für den europäischen Vogelzug. Geradezu legendär sind riesige Schwärme von Erlenzeisigen und Bergfinken. In den Wintermonaten rasten im Stettiner Haff Tausende nordischer Enten und Säger. Wenn man glückliche Menschen sehen möchte, dann sind sie unter Vogelfreunden, die eine der Raritäten wie Karmingimpel oder Grünlaubsänger entdeckt haben, leicht zu finden ...

FLUGPIONIER OTTO LILIENTHAL
Wie die Vögel fliegen zu können, dieser große Traum der Menschheit ließ den 1848 in Anklam geborenen Otto Lilienthal nicht los. Ein nicht unwesentliches Detail unterschied ihn von sei-

nen Vorgängern: Während diese sich Flügel an die Arme schnallten und von irgendeinem Turm sprangen in der Hoffnung, sich irgendwie in der Luft halten zu können, studierte Lilienthal zuerst gründlich den Körperbau und die Flugbewegungen von Schwänen. Dabei erkannte er, dass unter anderem einer gewölbten Tragfläche große Bedeutung zukommt.

Otto Lilienthal vereinigte mehrere nützliche Eigenschaften: sein erarbeitetes Fachwissen, technisches Know-how und ein gewisses Geschick, um Flugapparate zu konstruieren und zu bauen; nicht zuletzt war er mutig und körperlich fit genug, seine bizarren Werke mit den fledermausartigen Flügeln auch auszuprobieren. Und er war ein begnadeter Redner: „Niemand glich ihm in der Kraft, neue Mitstreiter zu gewinnen", berichteten die Brüder Wright. Mit den ersten Flugapparaten gelangen ihm Flüge bis zu 25 m, später dann bis zu 250 m. Am 9. August 1896 startete Lilienthal zum letzten Mal. Sein Apparat wurde von einer Windbö ins Trudeln gebracht. Beim Sturz aus 17 m Höhe brach

Oben: Boote am Achterwasser des Lieper Winkels. Rechts: Blick auf Ahlbecks Seebrücke, die älteste ihrer Art in Deutschland. Die Aufbauten am Strand beherbergen ein Restaurant.

er sich das Genick. Im Lilienthal-Museum von Anklam, dem „Tor zur Insel Usedom", wird die Geschichte von Pommerns Ikarus interessant aufbereitet.

RAKETENPRODUKTION

Auch in Peenemünde wurde Fluggeschichte geschrieben, allerdings unter braunen Vorzeichen. Die Nationalsozialisten erklärten die gesamte nördliche Inselspitze zum Sperrgebiet und bauten einen Flugplatz, Maschinenhallen und ein Kraftwerk. So wurde das winzige Peenemünde zur mächtigen Heeresversuchsanstalt, die ab 1936 die ersten Raketen der Welt entwickelte und baute, allerdings zu Kriegszwecken und unter Einsatz von Zwangsarbeitern, KZ-Häftlingen und Kriegsgefangenen. 1942 startete Hitlers erste Rakete von Usedom aus, ab 1944 brachten rund 3000 von ihnen unter dem Namen „Vergeltungswaffe" V2 Tod und Vernichtung über Menschen in Belgien, England und Frankreich. Nach dem Zweiten Weltkrieg sicherten sich die USA das Raketen-Know-how und den führenden Experten gleich dazu: Wernher von Braun erreichte 1969

bei der NASA mit der Mondlandung den Gipfel seiner Karriere.

ALTLASTEN

Peenemünde lockt Besucher also nicht mit Bademöglichkeiten, sondern mit Geschichte an. Und das erfolgreich: In Scharen strömen sie herbei, um sich das größte U-Boot der Welt mit konventionellem Antrieb aus Sowjetzeiten anzusehen und das Historisch-Technische Museum auf dem Areal des ehemaligen Kraftwerks zu besichtigen. Kaum einen lässt es kalt, dass ein großer Teil der Inselspitze nördlich von Karlshagen noch immer nicht betreten werden darf – hier befinden sich Altlasten aus Kriegszeiten. Und auch sonst ist die Gegend noch immer von den Resten einer dunklen Zeit gezeichnet; wer hier radelt, passiert die Überbleibsel von Abschussrampen und Bunkern. Auf dem Peenemünder Haken führt ein 25 km langer Rundweg denn auch vorbei an 23 Stationen durch die „Denkmal-Landschaft Peenemünde". Infotafeln erläutern hier historische Details und regen an, über die Beziehung zwischen Mensch, Natur und Technik nachzusinnen.

Infos & Empfehlungen

1 | KARLSHAGEN

Karlshagen hat einen der breitesten und saubersten Strände der Insel. 8 km westlich in Peenemünde zeigt das Historisch-Technische Museum (HTM) im ehem. Kraftwerk (Bahnhofstraße, www.museum-peenemuende. de) die Technikgeschichte der nationalsozialistischen Heeresversuchsanstalt, die hier die ersten Raketen entwickelte. Auf demselben Gelände bringt die Phänomenta naturwissenschaftliche Phänomene spielerisch nahe (Museumstraße 12, www.phaenomenta-peenemuende.de). Eine große Zahl Spielzeuge aus der DDR und vieles andere mehr sind im Spielzeugmuseum zu sehen (Museumsstraße 14, www.usedom-spielzeugmuseum.de. Etwas für Auge und

Gemüt ist die Schmetterlingsfarm 6 km südlich in Trassenheide (Wiesenweg 5, www.schmetterlingsfarm.de)
TOURIST-INFORMATION, HAUPT-STRASSE 4, 17449 OSTSEEBAD KARLS-HAGEN, WWW.KARLSHAGEN.DE

2 | ZINNOWITZ

Feinster Sand am Strand, eine Tauchgondel und die Vineta-Festspiele charakterisieren das noble Seebad im Norden der Insel. Die Seebrücke selbst ist schlicht, ein Hingucker dafür die Tauchgondel, mit der man fast bis auf den Meeresgrund abtauchen kann (www.tauchgondel.de). Wer sich hier etwas gönnen will, besucht das Restaurant Zum Smutje (Vinetastraße 5a, www.zum-smutje.de), eines der besten Fischrestaurants auf der ganzen Insel.

6 km östlich liegt an der schmalsten Stelle der Insel Lüttenort, wo Otto Niemeyer-Holstein (1896–1984) lebte und wirkte. Heute sind Wohnhaus, Atelier und Garten des Malers Museum und Galerie (www.atelier-otto-niemeyer-holstein.de)
HAUS DES GASTES, NEUE STRAND-STRASSE 30, 17454 OSTSEEBAD ZINNO-WITZ, WWW.ZINNOWITZ.DE

3 | KAISERBÄDER

Bansin, Heringsdorf und Ahlbeck haben sich zu einer Gemeinde mit dem noblen Namen „Kaiserbäder" mit gemeinsamer Strandpromenade zusammengetan.

Im Heringsdorfer Kurpark steht der größte Strandkorb der Welt. Ahlbecks Seebrücke (1898) ist die älteste erhal-

Links: Auf dem Raketenschnellboot „Hans Beimler" im Hafen von Peenemünde. Oben: Räucherfisch zählt zu den hiesigen Fisch-Spezialitäten.

tene an der deutschen Ostseeküste, die von Heringsdorf (508 m) ist die längste. An illustre Literaten wie die Gebrüder Mann, Leo Tolstoi und Theodor Fontane erinnert das Heringsdorfer Museum Villa „Irmgard". Ein eigener Gedenkraum ist Maxim Gorki

Nicht verpassen

Top 5

1 STRECKELSBERG
Vom 58 m hohen Streckelsberg an der Kliffküste bei Koserow hat man einen sensationellen Ausblick.
S. 195

2 SEEBRÜCKE VON AHLBECK
Diese historische Seebrücke mit ihrer Jugendstil-Uhr und den Türmchen ist eines der Wahrzeichen der Insel.
S. 196

3 ACHTERWASSER
Die dörfliche Idylle am ruhigen Achterwasser lädt zu entschleunigtem Urlaub ein.
S. 192, 197, 201, 202

4 OTTO-LILIENTHAL-MUSEUM
In Anklam taucht man ein in die Welt des berühmten Flugpioniers Otto Lilienthal.
S. 202, 205

5 SOWJET-U-BOOT
Im Maritim Museum Peenemünde liegt ein gigantisches sowjetisches U-Boot, das besichtigt werden kann.
S. 202

gewidmet (Maxim-Gorki-Straße 13). An den Bansiner Schriftsteller Hans Werner Richter (1908 – 1993) erinnert das Literaturhaus (Waldstraße 1).

Alljährlich Ende September/Anfang Oktober findet das Usedomer Musikfestival mit zahlreichen Spielstätten auf der deutschen und polnischen Seite der Zwei-Länder-Insel statt (www.usedomer-musikfestival.de).

Nahe Ahlbeck liegt die polnische Grenze und jenseits davon Swinemünde (Świnoujście), die mit 41 000 Einw. größte Stadt auf Usedom. Es lohnt ein Gang ins Museum für Hochseefischerei (Plac Rybaka 1, www. muzeum-swinoujscie.pl)

TOURIST-INFORMATIONEN: 17419 SEEBAD AHLBECK, DÜNENSTRASSE 45; 17429 SEEBAD BANSIN, AN DER SEEBRÜCKE; 17424 SEEBAD HERINGSDORF, DELBRÜCKSTR. 33, WWW.KAISER BAEDER-AUF-USEDOM.DE

4 | USEDOM
Das Städtchen mit der Marienkirche (14. Jh.) gab der Insel seinen Namen. Die Besonderheiten der Inselnatur bringt die Informationsstelle des Naturparks Usedom im alten Bahnhof näher; auf Entdeckungstour geht man hier am besten per Rad und schließt sich einer der geführten Touren an (www.naturpark-usedom.de).

Herrlich ruhig ist die nördlich gelegene Halbinsel Lieper Winkel zwischen Peenestrom und Achterwasser. Der 19 m hohe Jungfernberg nördlich von Rankwitz erlaubt einen Blick über diese wenig besuchte Landschaft.

STADTINFORMATION, BÄDERSTRASSE 5, 17406 USEDOM, WWW.STADTINFO-USEDOM.DE

5 | ANKLAM
Einst eine bedeutende Hansestadt, dient Anklam heute meist als Station auf dem Weg nach Usedom. Wie die gesamte Stadt wurde auch die gotische Nikolaikirche mit ihrem 103 m hohen Turm im Zweiten Weltkrieg fast komplett zerstört. Nach Abschluss des Wiederaufbaus wird in das Bauwerk das Ikareum einziehen, ein Hängegleitermuseum, das dem berühmtesten Sohn der Stadt, dem Flugpionier Otto Lilienthal (1848–1896) gewidmet ist. Nicht versäumen: den Aufstieg zur Aussichtsterrasse, die einen weiten Blick über Stadt und die sich breit dahinwälzende Peene erlaubt (www. nikolaikirche-anklam.de). In der Marienkirche sind Ausmalungen aus der Zeit um 1320 erhalten; ihr 100 m hoher Turm überragt die Stadt.

Hauptattraktion Anklams ist das Otto-Lilienthal-Museum. Hier erfährt man alles rund um den Traum vom Fliegen und seine Verwirklichung. (Ellbogenstraße 1, www.lilienthal-museum.de). Stadtgeschichte vermittelt das Museum im Steintor (Schulstraße 1, www.museum-im-steintor.de). Die faszinierende Flusslandschaft der Peene lässt sich mit Kajak, Kanu und Hausboot erkunden (Bootsverleih: Abenteuer Flusslandschaft, www. abenteuer-flusslandschaft.de; Kanustation Anklam, Werftstraße 6, www.kanustation-anklam.de).

ANKLAM-INFORMATION, MARKT 3, 17389 ANKLAM, WWW.ANKLAM.DE

Register

Bildnachweis

Impressum

© 2021 DuMont Reiseverlag GmbH & Co KG, Ostfildern
www.mairdumont.com

Kartografie © MAIRDUMONT GmbH & Co KG, Ostfildern

Autoren: Sven Bremer, Hilke Maunder, Dina Stahn
Covergestaltung: red.sign, Stuttgart
Redaktion, Bildredaktion, Satz: red.sign, Stuttgart

Printed in Slovakia
ISBN 978-3-7701-8244-2
1. Auflage 2021

FSC
www.fsc.org
MIX
Papier aus verantwortungsvollen Quellen
FSC® C020353